Chantal de Truchis

Die ersten Schritte in die Welt

Chantal de Truchis

Die ersten Schritte in die Welt

Aus dem Französischen von
Daniela Pichler-Bogner

Herder
Freiburg · Basel · Wien

Titel der Originalausgabe:
L'Éveil de votre enfant
© Editions Albin Michel, S.A. – Paris 1996

Gedruckt auf umweltfreundlichem,
chlorfrei gebleichtem Papier

Alle Rechte vorbehalten – Printed in Germany
© Verlag Herder Freiburg im Breisgau 1998
Herstellung: Freiburger Graphische Betriebe 1998
ISBN 3-451-26288-6

Inhalt

Einleitung

Dies ist der zweite Band zu dem Buch „Wie Ihr Baby Vertrauen gewinnt – zu sich selbst und in die Welt".

Im ersten Band geht es darum, daß ein Kleinkind seine Fähigkeiten um so besser entwickeln kann, je mehr Möglichkeiten es hat, die Initiative für seine Bewegungen und Aktivitäten zu übernehmen. Im rhythmischen Wechsel von Augenblicken zärtlicher Nähe zwischen Kind und Erwachsenem (während der Mahlzeiten und Pflegesituationen) und jenen, in denen es autonom seinen Aktivitäten nachgeht, kann sich das kindliche Potential am besten entfalten.

Eine harmonische Entwicklung von Körperbewußtsein und Selbstbewußtsein sowie das Entstehen von Selbstvertrauen im Kind können auf diese Weise gewährleistet werden. Dabei dürfen wir aber keinesfalls außer acht lassen, wie wichtig es ist, unser Kind in seinem Gefühlsleben und Beziehungsverhalten zu begleiten und zu unterstützen.

In diesem zweiten Band werden Sie nun erfahren, wie Ihr Kind sich Schritt für Schritt in die bereits vorhandene Welt integrieren kann. In einer liebevollen Atmosphäre, die seine Besonderheiten und seinen Rhythmus respektiert, muß es die Wirklichkeit und ihre Gesetze kennen- und verstehen lernen, ebenso wie es lernt, auf das Leben und die Bedürfnisse seiner Mitmenschen Rücksicht zu nehmen.

Auch hier ist Ihr kleines Kind eine aktive Person, die an seiner Entwicklung teilnimmt.

Auf ähnlich konkrete Art wie im ersten Band geht es darum, anhand alltäglicher Situationen Möglichkeiten anzubieten, die Ihrem Kind dabei helfen, diese Gesetze zu verstehen – in ihrem Inhalt wie in ihrer Unerschütterlichkeit.

Mit zärtlichem Verständnis für die Intensität seiner Gefühle wird

Ihr Kind – trotz der Tatsache, daß die Wirklichkeit nicht immer nach seinem eigenen Willen modifizierbar ist – Ihre Liebe spüren, auch wenn bestimmte Umstände schwer zu akzeptieren sind: Es ist Zeit, ins Bett zu gehen, mit diesem Gegenstand darf man nicht spielen, die Eltern müssen sich auch um den großen Bruder kümmern ...

Seine Gefühle werden nicht unterdrückt, der Erwachsene entzieht sich ihnen auch nicht, und so können sie zur kindlichen Entwicklung beitragen.

Im letzten Kapitel geht es auch um uns Eltern und unsere Gefühle, die oft unerwartet, manchmal sogar sehr heftig und beunruhigend auftauchen. Wie können wir uns trotz allem dabei Freude und Vertrauen bewahren?

Das Heranwachsen des Kindes kann auch als fortschreitende innere Loslösung von seinen Eltern betrachtet werden. Da heute die Mütter mehr und mehr berufstätig sind und auch ein größeres Bedürfnis nach einem eigenen Leben verspüren, ist es für Eltern besonders notwendig zu wissen, wie ein kleines Kind auf seine ersten Trennungen von den Eltern vorbereitet und dabei begleitet werden kann. Wir werden von den verschiedenen Betreuungsmöglichkeiten sprechen und im besonderen das Thema Adoption erwähnen, eine immer häufiger anzutreffende ‚Betreuungsform‘.

Ich hoffe daher, daß Ihnen dieses Buch wieder Freude bereiten wird und Ihr Vertrauen zu sich selbst und in Ihre Kinder stärkt!

Chantal de Truchis
Januar 1998

1. Kapitel

Ein Recht auf die eigenen Gefühle

Ein Kind braucht Möglichkeiten, sich in dieser sehr komplexen Welt, in der es sich zurechtfinden muß, besser kennenlernen zu können. Unsere Aufgabe ist es daher, ihm dabei zu helfen, seine vielfältigen Gefühle unterscheiden zu lernen. Es braucht Unterstützung, um sein Inneres ordnen und um, darauf aufbauend, sein Leben gestalten zu können.

Bruno Bettelheim

Zu Beginn dieses Buches ist es mir ein Anliegen, einiges zu erwähnen, das Ihnen anfänglich vielleicht etwas abstrakt oder kompliziert erscheint, Ihnen aber verdeutlichen soll, unter welchem Blickwinkel das Folgende geschrieben wurde. Wenn Sie dann während der Lektüre wieder auf diese Seiten zurückkommen, wird einiges verständlicher.

In den Kapiteln 1 und 2 beschäftigen wir uns mit zwei Wesenszügen, die zwar widersprüchlich erscheinen mögen, aber trotzdem charakteristisch für ein ausgeglichenes menschliches Wesen sind. Es handelt sich hierbei um die Notwendigkeit:

– zum einen, Gefühle und Wünsche zum Ausdruck kommen zu lassen, sich ihrer bewußt zu sein und sie nicht zu leugnen: „Ich habe wirklich keine Lust zu arbeiten", „Ich verabscheue diese Person", „Ich bin gekränkt", „Ich bin zornig", „Ich will jetzt singen, auch wenn meine Nachbarn in Trauerstimmung sind", und

– zum andern, sein Verhalten zu kontrollieren: „Ich werde trotzdem tüchtig arbeiten", „Ich hasse diese Person, aber ich werde ihr trotzdem nicht schaden", „Seine Worte haben mich gekränkt, aber ich lasse mich nicht unterkriegen", „X macht mich wütend, aber ich werde nicht zurückschlagen", „Daß es mir und meiner Familie gut geht, hindert mich nicht daran, denen, die im Moment Not leiden, nahe zu sein".

Ein Erwachsener kann seine Fähigkeiten um so besser entfalten, je

11

differenzierter er als Kind seine Gefühle zeigen konnte. Wir wissen alle, wie sehr ein kleines Kind bestrebt ist, seinen Eltern zu gefallen, um ihre Liebe zu gewinnen. Wenn es aus diesem Grund seine Empfindungen unterdrückt, wird es sich daher mehr und mehr seinem eigentlichen Wesen entfremden. Es wird immer neben sich stehen, leiden und eine nicht zu benennende Sehnsucht nach seinem eigentlichen Ich empfinden.

Vielleicht ist dieser Gedanke gar nicht so schwer nachzuvollziehen, ihn aber im Alltag zu berücksichtigen fällt oft schwer. Wenn sich Eltern früher oder später in dieser Situation wiederfinden, hängt es sehr von ihren eigenen Erfahrungen in den ersten Lebensjahren ab, wie sie damit umgehen.

Vor allem geht es darum, Kindern dabei zu helfen:
– ihre Gefühle und Wünsche zu zeigen, ihre Individualität zu leben (dies steht im Mittelpunkt des 1. Kapitels);
– ihr Verhalten den gesellschaftlichen Gegebenheiten anzupassen (ist Thema des 2. Kapitels).

Nach dem Lesen des ersten Bandes werden Sie schon einige Erfahrung darin haben, es Ihrem Kind zu ermöglichen, seinen Körper zu entdecken, seine Bewegungen selbständig zu entwickeln – seinem eigenen Rhythmus entsprechend. Dabei konnten Sie sein individuelles Verhalten in all diesen Bereichen beobachten.

Sie werden seine Gefühlsäußerungen kennenlernen und erleben, daß auch Distanz zwischen ihm und Ihnen entstehen kann: Der Ärger Ihres Kindes Ihnen gegenüber wird Sie beispielsweise nicht irritieren, da die Liebe viel stärker ist und immer wieder auftaucht. Ihr Kind wird sich bald von selbst beruhigen und wieder glücklich zu Ihnen zurückkehren. Als Mutter oder Vater wird Ihr Kind Sie immer lieben, da es Vertrauen und Freude durch Sie erfährt.

Erschöpfung, Gereiztheit oder Mutlosigkeit haben ihre Ursache nicht allein im Verhalten Ihres Kindes (Sie werden sehen, wie wichtig es ist, ihm dies zu zeigen). Sie stehen sich nahe, sind aber doch getrennte und eigenständige Wesen.

Durch Ihre Hilfe wird Ihr Kind lernen, die Regeln eines Lebens in Gemeinschaft zu akzeptieren und daran teilnehmen zu können. Obwohl es Rücksicht zu nehmen lernt, muß es sich selbst nicht verleugnen oder sein Naturell und seine Gefühle unterdrücken.

Das ist nicht immer einfach. Diese beiden Kapitel möchten Ihnen einige Anregungen dazu geben. Denken Sie daran, daß wir aus jeder Lektüre das herausfiltern, was uns zur Zeit am besten entspricht. Mit der fortschreitenden Entwicklung Ihres Kindes werden diese Worte eine andere Bedeutung erhalten und sicher auch verständlicher werden.

Sie werden Ihre Verhaltensweisen im Umgang mit Ihren Kindern kennenlernen: Solange Sie nicht damit konfrontiert sind, können Sie nicht ahnen, was alles in Ihnen schlummert – Liebe, Zärtlichkeit, Geduld genauso wie weniger Angenehmes: Leiden, Frustration, Bitterkeit, Angst, Erziehungszwang. Aber all das macht Ihre Persönlichkeit aus! Sie sind ein lebendiger Mensch, der wie jedes andere menschliche Wesen voller Widersprüche steckt. Was wir nie verlieren sollten, sind Freude und Vertrauen.

Betrachten wir zwei immer wieder auftretende Verhaltensweisen dem Kind gegenüber:

Sind Sie zu nachsichtig, wird Ihr Kind die trügerische Erfahrung machen, alles nach seinen Vorstellungen bestimmen zu können. Seine Energie geht in alle Richtungen, es will alles und sofort. Im Glauben, daß dies möglich ist, läuft es Gefahr, ein unruhiges und unbeständiges Leben zu führen. Sie fangen dann an, zu schimpfen, was die Qualität Ihres Zusammenlebens beeinträchtigt.

Sind Sie zu streng und sagen zu oft „nein" oder bestrafen und beleidigen es sogar, kann leicht seine Lebensfreude empfindlich getroffen werden: sei es, daß es sich zurückzieht und verschlossen wird, sei es, daß es seinerseits gewalttätig wird und andere und auch Sie quält.

In beiden Fällen kommt es häufig vor, daß Kinder mit der Zeit ihr Selbstwertgefühl genauso wie ihr Selbstvertrauen verlieren. Aus fröhlichen und aufgeweckten Kindern werden traurige und sorgenvolle, unruhige und schlecht gelaunte Menschen.

Im Verhalten der Eltern treffen wir meist beide der oben erwähnten Aspekte an. Viele lassen ihre Kinder so lange gewähren, bis sie es nicht mehr aushalten: Sie bestrafen sie dann heftig oder werden äußerst streng. Ein Kind wird mit solch widersprüchlichem Verhalten große Schwierigkeiten haben und kaum mehr friedlich, sicher und voller Vertrauen zu sich selbst finden.

Einigen von uns wird es schwerfallen, ihr Verhalten zu ändern, da wir die Erziehungsweise reproduzieren, die wir selbst erfahren haben. Wir haben uns mit unseren Eltern identifiziert, die sich ihrerseits auch nicht anders verhalten konnten, da sie ebenfalls das Produkt der Erziehung sind, die sie erfahren haben. Andere hingegen, die eine schwere Kindheit hatten, streben das andere Extrem an, mit ähnlichen Schwierigkeiten.

In dem Maß wie Sie Ihr Kind unterstützen, seine Gefühle zu zeigen, können vielleicht auch Sie die Ihren äußern. Manchmal jedoch sind diese Emotionen so, stark, daß sie Angst machen (darüber werden wir im letzten Kapitel sprechen).

Im folgenden geht es zuerst darum, wie Sie Ihr Kind dabei unterstützen können, seine Gefühle zu zeigen. Dann werden Sie erfahren, wie Sie Ihr Kind auf seinem Weg ins Gemeinschaftsleben begleiten können.

Gefühle, das sind nicht nur Zorn oder Trauer, sondern auch Zufriedenheit, Freude, Zärtlichkeit, Liebe. Um später ein selbstbestimmtes Leben führen zu können, muß man von Anfang an in seinem Wesen und seinen Bedürfnissen respektiert worden sein.

Das Neugeborene

Es ist bekannt, daß der Säugling im Mutterleib Wohlbefinden und Sicherheit erlebt und diesen Zustand auf sehr heftige Art und Weise verläßt. Versuchen wir, seine Gefühle dabei nachzuempfinden.

● *Der Mutter ganz nahe*

Diesbezüglich wurde schon vieles geschrieben, und wir können nur noch einmal hervorheben, wie unmenschlich es ist, Neugeborene weit entfernt von ihren Müttern im Säuglingszimmer schreien zu lassen. Ihre darauffolgende Beziehung kann davon sehr beeinflußt werden. Es genügt, sich folgendes vorzustellen: Nach einem ersten schmerzhaften Moment findet sich das Neugeborene ein bißchen angespannt und verunsichert in den Armen seiner Mutter wieder. Wenn sie entspannt und nicht allzu müde ist, wird sie instinktiv das Richtige tun, um ihr Kind zu beruhigen.

Ist sie hingegen unsicher und erschöpft, verstärkt sich das Unbehagen des Säuglings. Daraus kann es zu einer Folge von Mißverständnissen kommen, die, je nachdem, dazu führen, daß man dem Säugling, seinem Charakter (jetzt schon) die Schuld gibt oder, im

Gegensatz dazu, dem Verhalten der Mutter. Dabei hätte es oft genügt, bessere Bedingungen zu schaffen, damit sich beide ohne Schwierigkeiten begegnen können.

Sie werden unzählige, sich widersprechende Ratschläge bekommen. Vielleicht helfen Ihnen die nun folgenden Zeilen, sich eine eigene Meinung zu bilden.

Aktuelle Untersuchungen belegen, daß jeder Erwachsene Spuren all jener Erlebnisse in sich trägt, die ihm seit Beginn seines Lebens widerfahren sind. Der erste Kontakt eines Neugeborenen mit dem Leben wird seine Art, mit neuen Eindrücken umzugehen, beeinflussen. Langzeitstudien zeigen, daß aus Kindern, deren erste Lebensmonate von großem körperlichem und seelischem Wohlbefinden bestimmt waren, viel ruhigere und vertrauensvollere Erwachsene werden. Für unsere Zukunft ist es daher wichtig, schon als Kind in den ersten Wochen und Monaten möglichst viele positive Erfahrungen zu sammeln.

Ein Neugeborenes muß die Möglichkeit haben, sich mit seiner Mutter in einer kontinuierlichen Beziehung wohl und sicher zu fühlen. Auf dieser Basis kann sich seine Persönlichkeit entwickeln. Versuchen Sie, gelassener zu werden, und freuen Sie sich aneinander.

Als Mütter können Sie Krankenschwestern und Hebammen ohne weiteres darum bitten, Ihr Kind solange wie möglich bei sich zu haben – warum nicht auch die ganze Zeit, wenn Sie selbst nicht allzu erschöpft sind?

Nehmen Sie Ihr Kind zu sich in Ihr Bett, pflegen Sie es selbst, sobald Sie sich kräftig genug dazu fühlen. Jetzt können Sie es aufnehmen, es halten und pflegen, so wie wir es im ersten Band beschrieben haben.

Seine ersten Empfindungen von Wohlbefinden und Ruhe werden es vielleicht sein Leben lang begleiten. „Sicher gehalten", wird es all die Geborgenheit erleben, die es bereits im Mutterleib kennengelernt hat. Es wird Ihren Geruch wiedererkennen, Ihre Herzschläge, und den Hautkontakt genießen.

Im Augenblick der Geburt fühlt sich der Säugling sehr verunsichert durch zahlreiche neue Eindrücke wie Licht, Lärm, Temperaturveränderungen und vieles mehr. Ihre Aufgabe ist es, dies so weit wie möglich zu berücksichtigen.

Ihr Kind ist von Anfang an eine eigenständige Person. Deswegen gebührt ihm derselbe Respekt, den man jedem Erwachsenem entgegenbringt.

Wenn Ihr Säugling in Ihren Armen weiterweint, heißt das nicht sofort, daß er sich von Ihnen nicht beruhigen läßt. Haben Sie Vertrauen, denn Sie verfügen über genau das, was Ihr Kind am meisten braucht: Ihren Körper, der ihm am vertrautesten ist, Ihre Liebe, Ihr Naturell. Versuchen Sie, sich zu entspannen und auf das zu hören, was Ihnen ein Bedürfnis ist. Was möchten Sie jetzt für Ihren Säugling tun, welches Bedürfnis zeigt er Ihrer Ansicht nach in diesem Augenblick? Hören Sie sich ruhig Ratschläge anderer an, aber verleugnen Sie nie Ihr eigenes Gespür, denn *Sie* sind die Mutter.

Es wird auch immer wieder Situationen der Ratlosigkeit geben, in denen Sie nicht genau wissen, was dem Säugling fehlt.

Haben Sie all seine Grundbedürfnisse erfüllt und er weint dennoch, muß er vielleicht Spannungen loswerden. Lassen Sie ihm Zeit. Gewöhnen Sie sich von Anfang an daran, dieses Unwohlsein mit ihm zu teilen und mit verständnisvollen Worten zu begleiten: „Oh, du scheinst traurig zu sein, du hast Schmerzen, etwas tut dir weh. Es wird noch ein wenig dauern, aber bald geht es dir besser, ich bin bei dir."

Sprechen Sie zu ihm mit sanfter Stimme. Anfangs hat man noch so eine Scheu vor diesem kleinen Wesen, das einen bald mit großen Augen anschauen wird.

Hören Sie auf sich und spüren Sie, was für Ihr Kind gut ist. Vertrauen Sie auf Ihr Gefühl. Sie tragen in sich alles, was Sie brauchen, um Ihrem Kind eine „gute" Mutter oder ein „guter" Vater zu sein!

Sie helfen ihm dadurch viel eher als mit einem „Schluß jetzt! Jetzt ist aber wirklich Schluß!" Mütter, die vom Weinen Ihres Säuglings derart betroffen sind, probieren alles aus, tragen es herum, schütteln es, damit es endlich aufhört, weil sie nicht wissen, was sie sonst machen könnten!

Wenn Ihr Kind trotz Ihrer verständnisvollen Worte weiterweint, können Sie es auch in sein Bett legen, während Sie beruhigend mit ihm sprechen, oder es auf Ihrem Schoß halten. Sie schenken ihm all Ihre Aufmerksamkeit und Liebe, aber es liegt an ihm, sich zu beruhigen.

Sie begleiten es und sind bei ihm.

● *Der Schnuller*

„Und der Schnuller?" werden Sie mich fragen. Er hilft den Säuglingen, sich zu beruhigen.

Der Schnuller ruft so persönliche Dinge bei Eltern wach, daß man nicht einfach sagen kann: „Er ist gut" oder „Er ist nicht gut". Aber denken Sie gründlich nach, bevor Sie ihn Ihrem Neugeborenen geben, denn, sobald es ihn einmal kennengelernt hat, wird es ihn schwer entbehren können, und das über Jahre. Ihr Kind bekommt dadurch die Möglichkeit, sich zu beruhigen, braucht sich aber nicht zu bemühen, selbst nach einer Lösung zu suchen.

Für Ihr Kind ist das Weinen ein Mittel, um Spannungen, Müdigkeit, Krankheit oder andere Bedürfnisse zu äußern, die es noch nicht mit Worten ausdrücken kann.

Der Schnuller hat oft die Aufgabe, „jemandem den Mund zu stopfen". Der Säugling, später das Kind, lernt zu schweigen, sich mit einem oralen Vergnügen eines ganz kleinen Kindes zufriedenzustellen. Es ist, als ob es sich etwas in sich selbst zurückziehen würde, anstatt aktiv nach Lösungen zu suchen, die seinen Fähigkeiten entsprechen.

Sie können den Schnuller auch gezielt einsetzen: Es ist ein Unterschied, ob er nur zum Einschlafen oder in wirklich schwierigen Situationen gegeben wird – Schmerz, die ersten Zähne – oder ob er um den Hals des Kindes gebunden wird und somit jederzeit zur Verfügung ist.

Denken Sie darüber nach, treffen Sie selbst eine Entscheidung und nicht, weil Werbefirmen oder Apotheker Ihnen einen schenken.

„Das Fingerlutschen ist eine natürliche Begleiterscheinung der normalen Entwicklung des Säuglings", sagt Emmi Pikler[*]. Es ermöglicht dem Kind – ähnlich wie der Schnuller –, sein Saugbedürfnis zu befriedigen, sich zu beruhigen oder zu trösten. Im Gegensatz zum Schnuller ist der Finger jedoch für das Kind selbst jederzeit erreichbar – es ist nicht von der Anwesenheit oder der Einwilligung des Erwachsenen abhängig.

Grundsätzlich wird sich die Bedeutung des Fingerlutschens im Lauf der normalen Entwicklung verringern und parallel mit dem immer größer werdenden Interesse des Kindes für seine Umgebung und dem Entdecken seiner Bewegungs- und Spielmöglichkeiten schwinden.

---

[*] s. E. Pikler, *Friedliche Babys – Zufriedene Mütter*, Herder 1982, S. 89 ff.

Das Weinen

Sie werden selbstverständlich immer herauszufinden suchen, was Ihren Säugling stört, wenn er weint. Wenn er sich aber trotzdem nicht beruhigt, obwohl Sie alle offensichtlichen Bedürfnisse zu erfüllen versucht haben? Damit Sie Ihre persönliche Antwort finden, hier einige mögliche Beobachtungshilfen.

Erinnern Sie sich daran, daß ein Säugling viele positive Erfahrungen braucht, um sich wohlzufühlen. Amerikanische Studien haben gezeigt, daß unter einer bestimmten Gruppe Kinder diejenigen, die regelmäßig in die Arme genommen wurden, wenn sie in den ersten Wochen weinten, mit zehn, zwölf Monaten weniger weinten als jene, die man in ihren Betten ließ, „damit sie keine schlechten Gewohnheiten entwickelten". Selbst wenn diese Untersuchungen mit Vorsicht zu genießen sind, erwecken sie doch den Eindruck, daß sich Kinder, die „aufgenommen" werden, wenn sie danach verlangen, sicher fühlen, auch ohne ständigen Körperkontakt mit dem Erwachsenen. Die anderen hatten offensichtlich noch das Bedürfnis nach Sicherheit nicht befriedigen können.

● *Auf das Weinen reagieren*

Vergegenwärtigen wir uns wieder unsere Grundhaltung. Oft wird Ihnen mit vorwurfsvollem Ton gesagt: „Er will in die Arme genommen werden!" mit der versteckten Aufforderung: „Nimm ihn ja nicht auf, er ist eigensinnig, er will seinen Willen durchsetzen ..." Wollte man dies einem kleinen Säugling unterstellen, müßte man hinter jeder seiner Lebensäußerungen das Bestreben nach Machtausübung vermuten! Das Weinen des Säuglings ist seine Ausdrucksweise – über viel mehr Möglichkeiten verfügt er noch nicht. Also geht es darum, diese Sprache zu entschlüsseln, was manchmal einfach, manchmal schwierig, bisweilen sogar unmöglich ist.

Wenn Ihr Kind nicht aufgrund von Schmerzen, Hunger, Müdigkeit oder Krankheit weint, braucht es vielleicht einen Moment, um in Ihren Armen in Beziehung zu Ihnen zu treten, um im wahrsten Sinn des Wortes eingehüllt zu werden, „gehalten" zu werden. Warum ihm nicht auf diese Weise die Möglichkeit geben, sich wieder zu sammeln, wieder zu sich zu finden?

18

Wir sollten Verständnis für seine Bedürfnisse entwickeln, sie wahrnehmen und in entsprechender Form erfüllen.

Manche Säuglinge scheinen auch Schwierigkeiten zu haben, nach den gewohnten Bewegungen im Mutterleib sich an die Unbeweglichkeit des Bettes zu gewöhnen. Vielleicht werden sie auch deswegen so gerne geschaukelt oder beruhigen sich so leicht, wenn sie auf dem Bauch, im „Känguruhbeutel" zum Beispiel, getragen werden, während die Mutter ihren Haushalt oder andere Tätigkeiten durchführen kann.

Ihre innere Haltung dem Tragen gegenüber wird aber in der Folge von großer Bedeutung sein. Sie können Ihr Kind aufnehmen, um es so schnell wie möglich wieder hinzulegen, weil sie anderes zu tun haben – diese Haltung erweist sich oft als unergiebig: Das Kind wollte für einen Augenblick in entspannter Weise Kontakt aufnehmen, um sich zu beruhigen, und das wurde ihm nicht ermöglicht – so wird es weiter danach verlangen.

Sie können es auch in Ihrer Liebe „halten", Ihrer Sorge, Ihrer Unsicherheit. „Es braucht mich". Hier steckt die Idee dahinter, daß es tatsächlich nicht eine einzige Sekunde weinen darf, daß Sie auch immer da sein müssen. „Ich muß das tun, wenn ich es nicht zu mir nehme, weint es." Wenn es keine anderen Möglichkeiten als das Bett (oder die Wippe) und Ihre Arme kennt, wird es sicher Ihre Arme vorziehen.

Sie können Ihr Kind auch aufnehmen, um mit ihm gemeinsam einen angenehmen Augenblick zu verbringen, ihm dabei zu ermöglichen, seine Kräfte wieder zu sammeln und Freude zu finden am Schauen, Plaudern oder daran, eine neue Tätigkeit zu entdecken und „sein Leben zu leben".

Und das geschieht auch tatsächlich: Ihr Säugling fühlt sich nach solch einer kurzen Zeit des Miteinanders, des Sich-Wohlfühlens in Ihren Armen gestärkt. Sie werden ihn manchmal für einige Sekunden weinen sehen, wenn Sie ihn wieder hinlegen, aber meistens wird er gleich aufhören, um eine eigenständige Aktivität aufzunehmen – eine noch wichtigere als die, an der er vorher interessiert war – mit viel Freude, so als ob er in sich selbst – und in Sie – eintauchen und eine völlig neue Energie finden konnte.

Da es in der Natur des Menschen liegt, aktiv seine Fähigkeiten entfalten zu wollen, stellt sich die Frage, ob ein kleines Kind, das „zu viel" in Ihren Armen sein will, dies nicht eher deswegen tut, um unserem vielleicht uneingestandenen Wunsch danach Genüge zu leisten, als aufgrund eines tatsächlich von ihm kommendem Bedürfnisses?

Ihr Kind läßt Sie einiges über Ihre inneren, oft wenig bewußten Einstellungen erfahren. Das will man sich zwar nicht immer eingestehen, aber seien Sie beruhigt – in gewisser Weise sind alle Eltern gleich.

Wir befürchten oft, daß Kinder launisch oder anhänglich werden, wenn wir sie bei jedem Weinen in die Arme nehmen: Geschieht dies aber unter den oben erwähnten Voraussetzungen, besteht kein Grund zur Sorge: Ein Kind beschäftigt sich mit Freude für längere Zeit allein. Dies einmal beobachtet zu haben, gibt uns Ruhe und Sicherheit, um unserem Kind in wichtigen Momenten die nötige Nähe zu geben. Dieses Wechselspiel zwischen Zeiten voll Nähe und Austausch, in denen das Kind „sich sammelt", und solchen, wo es sich mit Freude selbst beschäftigt, im allgemeinen für immer längere Zeit, wird stets wiederkehren. Wenn Sie Ihr Kind aus diesem Verständnis heraus in Ihre Arme nehmen, wird seine innere Dynamik, nicht unterdrückt werden, da Ihr Verhalten keinen besitzergreifenden Charakter hat.

Betrachten Sie die beiden folgenden Beispiele: Jede Mutter hat dieselbe Zuneigung zu Ihrem Kind, und in unserem Beispiel verbringen sie gleich viel Zeit mit ihm. Glauben Sie, daß das Kind in beiden Fällen dieselbe Lebensqualität erfahren kann? Im ersten Beispiel wird ein „kleines Ding" gut versorgt, im zweiten wird diese kleine Person wahrgenommen, ihr Blick wird gesucht, sie wird gefragt, es wird ihr zugehört: Es gibt somit einen ständigen Austausch zwischen ihr und deren Mutter.

Auch wenn sich der Säugling nicht beruhigt, scheint er die Erfahrung gemacht zu haben, daß jemand Anteil an seinen Gefühlen genommen hat. Er leidet nicht allein vor sich hin: Sein Schmerz wird Anlaß für Kontaktaufnahme, wodurch er Respekt und Sicherheit seinen Empfindungen gegenüber erfährt.

Wenn er fortfährt zu weinen, wird es seine Aufgabe sein, diese Spannung allein zu lösen.

Ein kleines Beispiel

Ein Säugling weint zu einer für ihn ungewöhnlichen Zeit. Die Mutter ist bereit, zu helfen. Wir können uns zwei Szenarien vorstellen.

Das erste: „Vielleicht muß er gewickelt werden?" Die Mutter nimmt das Kind auf, untersucht die Windel: Nein. „Vielleicht hat er Hunger?" Sie wärmt ein Fläschchen, nachdem sie ihm etwas Wasser gegeben hat. Der Säugling weint noch immer: Sie nimmt ihn in die Arme, versucht ihn zu trösten, indem sie ihn schaukelt und zum Lachen bringt. Der Säugling beruhigt sich kurzfristig, um dann von neuem zu jammern und zu weinen. Sie bringt viel Geduld auf, ist freundlich, bis sie sich etwas beunruhigt und immer gereizter wird. Sie versucht, ihn neben sich in die Wippe zu legen, er krümmt sich und läßt sich nach unten rutschen. Die Ruhe bewahrend, legt sie ihn in sein Bett, ratlos. So geht es noch einige Zeit weiter. Der Säugling hört nicht auf zu weinen.

Das zweite Szenario: Die Mutter nähert sich, fragend: „Was ist los? Du schläfst nicht mehr? Wir schauen mal in deine Windel, hast du sie wieder voll gemacht?" Und sie trägt ihn zum Wickeltisch, indem sie ihn beobachtet: „Nein, ist es das nicht? Also hast du Hunger?" Sie zeigt ihm das Fläschchen. Er trinkt ein wenig und dreht dann den Kopf zur Seite.

Während sie ihn nun abwechselnd in ihren Armen hält oder sich über ihn in seinem Bett beugt, spricht sie mit ihm: „Ich würde dir gern helfen, aber ich weiß nicht wie. Ich bin bei dir. Es scheint dir irgend etwas weh zu tun." Das Kind schaut sie von Zeit zu Zeit interessiert an, will ihr irgend etwas sagen, was sie aber nicht versteht. Obwohl die Worte fehlen, spürt man, daß die beiden miteinander reden. „Ich lege dich hier auf diesen Teppich, den du so gerne hast, mit deinem kleinen Esel. Vielleicht geht es dir bald besser."

Für die jüngeren Säuglinge sieht es noch etwas anders aus.

Es gibt zwei verschiedene Situationen:

– Der Säugling weint häufig tagsüber, eventuell auch nachts. Darüber werden wir etwas später noch sprechen.
– Der Säugling weint vor allem abends, ab fünf oder sechs Uhr: Schauen wir uns das gleich an.

● *Das abendliche Weinen*

Wir wissen nicht wirklich, woher dieses Weinen rührt, aber es ist anzunehmen, daß der Säugling seine tagsüber angesammelten Spannungen dadurch abbaut. Stellen Sie sich bloß einmal die Fülle an Eindrücken vor, die ihn bereits erreicht haben: Geräusche, Gerüche, wechselndes, aber immer sehr starkes Licht, außergewöhnliche und kleine Sensationen, angenehme, überraschende, beunruhigende oder schmerzhafte Erlebnisse. Beobachten Sie das wechselnde Minenspiel eines Säuglings: Es erklärt eine Menge über seine innere und intensive Aktivität.

Es wäre nicht verwunderlich, daß sich etwas ansammelt, was den Säugling zu „ersticken" droht und dessen er sich „entledigen" muß. Er kann sich nicht wie wir nach einem langen erschöpfenden Arbeitstag in ein Sofa fallen lassen und sagen: „Brrr, welch ein Tag!" und sich diesen so noch einmal vergegenwärtigen. Verständlich, daß Weinen die einzige Möglichkeit ist, diese Überfülle loszuwerden.

Er muß sie loswerden! Er muß weinen können. In unserer liebevollen Nähe und Geborgenheit, die Verständnis vermittelt und ihn weinen läßt.

Haben Sie selbst nach einem anstrengenden Tag nicht auch das Bedürfnis, in Ruhe gelassen zu werden?

Versichern Sie sich, daß der Säugling keine ernsthaften Schmerzen hat, reden Sie mit ihm, und zeigen Sie ihm Ihre Zuneigung. Weint er trotzdem weiter, kann es mitunter hilfreich sein, ihm zu sagen, daß Sie ihn ein wenig allein lassen, und sich selbst eine Frist zu setzen, innerhalb derer Sie ihn weder anschauen noch berühren werden. „Ich lasse ihn zehn Minuten allein, bis die Uhr auf 6 Uhr 15 steht; ich rühre mich jetzt nicht von der Stelle."

(Man sollte sich fragen, was einer entspannten Atmosphäre dienlicher ist – das schreiende Kind ständig herumzutragen und selbst dabei die Nerven zu verlieren, oder vielleicht doch einmal kurz die Tür hinter sich zu schließen, um wieder zur Ruhe kommen zu können.)

Eine kleine Zeitspanne, in der Sie diesen Kreislauf unterbrechen, wo Sie ausatmen und an etwas anderes denken. Es ist erstaunlich, daß das Kind oft noch vor dem Ablauf der vorgesehenen Zeit zu weinen aufhört. Weint es weiter, können Sie es wieder beruhigen und ihm mitteilen, daß Sie es noch ein wenig allein lassen. Dabei schauen Sie erneut auf die Uhr.

Unter diesen Umständen sollte die Zeit des Weinens nicht allzu lange dauern: einige Wochen, dann wird das Kind diese Hürde genommen haben.

22

● *Das Weinen als Ausdruck seelischen Leidens*

Das Weinen Ihres Kindes, das zum Beispiel zu jeder Tageszeit auftritt, kann seine Ursache auch in einem größeren Unwohlsein haben. Vielleicht stecken dahinter Trennungsschmerz oder veränderte Lebensumstände: die Reaktion eines kleinen Kindes, das tatsächlich am „Verlust" seiner Mutter, seines Vaters oder auch seiner Umgebung leidet. Dies trifft oft zu bei Schlafstörungen. Im Kapitel „Trennungen" werden Sie einige Möglichkeiten finden, Ihrem Säugling zu helfen.

Manchmal handelt es sich auch um eine länger andauernde Reaktion auf ein schmerzvolles oder beunruhigendes Erlebnis, wie z. B. große Schwierigkeiten bei der Geburt, medizinische Behandlungen und ähnliches. Mit dem Säugling darüber in Ruhe und mit Anteilnahme zu sprechen, kann ihm erstaunlicherweise manchmal helfen.

Eine Mutter erinnert sich daran, daß Ihr einige Tage alter Säugling, nachdem sie von der Klinik nach Hause gekommen waren, sofort bitterlichst zu weinen begann, wenn Sie ihn baden wollte. Daraufhin hat sie ihm erzählt, daß ihn eine Krankenschwester, sofort nachdem er geboren war, rasch abgeduscht hat. Dabei hat er geschrien und sie selbst konnte nichts tun, um ihm beizustehen.
Nach dieser Erzählung hat er sich beruhigt und fortan nicht mehr geweint beim Baden.

Angst und Schmerz der Eltern übertragen sich in solchen Situationen oft auf den Säugling. Die Geburt des eigenen Kindes (oder seine Ankunft, wenn es sich um Adoption handelt) weckt in den Eltern sehr verborgene und völlig vergessene oder unbekannte Gefühle aus deren eigener Kindheit. Auch aktuelle Schmerzen, Trauer oder Leid, das einem anderen Kind im selben Alter zugestoßen war, können dadurch wieder zum Vorschein kommen.

Versuchen Sie wahrzunehmen, was Ihnen in so einem Augenblick tatsächlich Schmerzen bereitet. Wenn Sie zu zweit sind, können Sie einander weit zurückliegende Erlebnisse anvertrauen und sich dadurch näher kommen.

Wenn man im Berufsleben immer wieder mit verschiedenen Menschen über deren Gefühle und all das, was sie sonst niemandem anvertrauen würden, spricht, stellt man fest, daß die Zahl derer, die

Ängste oder Schamgefühle mit sich herumtragen, erstaunlich groß ist. Leute, die nach außen zufrieden und glücklich wirken, eine soziale wie beruflich gute Position einnehmen, haben im Privatleben mit erstaunlichen Schwierigkeiten zu kämpfen (Todesängste, Angst vor Zurückweisung, Schlafstörungen, körperliche Probleme). Sollte das auf Sie zutreffen, lassen Sie sich auf keinen Fall irritieren, schämen Sie sich nicht, vielen geht es ähnlich. Auf Ereignisse sensibel zu reagieren ist auch ein Beweis für die Fähigkeit, tiefe Gefühle zu empfinden . *

Zögern Sie auch nicht, einen kompetenten Dritten zu Rate zu ziehen, wenn es Ihnen notwendig erscheint: Ihr Kinderarzt, wenn er für diese Haltung Kindern gegenüber aufgeschlossen ist oder ein Psychologe (Eltern-Kind-Zentren, Beratungsstellen). Manchmal genügen ein oder zwei Gespräche, in denen man sein Herz ausschütten kann, damit es einem wieder besser geht, um verstehen zu können, was dem Säugling fehlt.

Es ist gewonnene Zeit: Dieses Problem kann Sie noch lange beunruhigen, gar nicht so offensichtlich, aber später ist es schon viel schwerer zu lösen! Ängste, die gelöst werden, bedeuten wiedergefundene Energie!

(Vielleicht können Sie sich bei dieser Gelegenheit über einige solcher wirklich ungeeigneter Einstellungen klar werden. Dabei wird jeder wesentliche Dinge entdecken.)

Auf jeden Fall ist es immer gut – selbst als Paar –, mit einem Säugling nicht allein zu sein. Eine unterstützende Umgebung – Menschen, Familie, Freunde oder Bekannte – sollte die Möglichkeit zum Austausch bieten. Wenden Sie sich auch immer wieder an den Arzt, Ihren Kinderarzt, Eltern-Kind-Zentren, Mütterberatungsstellen.

● *Das Weinen beim Einschlafen*

Wenn der schon etwas größere Säugling (sechs bis acht Monate und mehr) immer beim Mittagsschlaf oder abends zu weinen beginnt, bedarf es oft klarer Botschaften und einer sehr bestimmten Haltung von seiten der Eltern: Der Säugling hat mit dieser Situation oft Schwierigkeiten, aus Angst, die Beziehung zu den Eltern durch das Schlafen

---

* s. hierzu „*Das Drama des begabten Kindes*" von Alice Miller, Bibliogr. im Anhang.

zu verlieren. Er versucht, diesen Kontakt hinauszuzögern, indem er alle möglichen Bedürfnisse äußert und weint. Wenn Sie glauben, Ihr Kind braucht den Schlaf, müssen Sie ihm deutlich zu verstehen geben, daß seine Maßnahmen zu nichts führen (wir werden darüber noch im 2. Kapitel sprechen).

Sie erklären ihm also mit ruhiger Bestimmtheit, was Sie von ihm erwarten. Aber es ist auch wichtig für den Säugling, daß er Ihr Verständnis für seine Schwierigkeiten spürt.

Der 14 Monate alte Julian weint abends beim Einschlafen. Nachdem seine Mutter mehrere Male zu ihm gekommen war, sagt sie: „Jetzt ist Schlafenszeit, es ist schon spät, aber du scheinst sehr aufgebracht zu sein. Wenn das Weinen hilft, dann weine ruhig, vielleicht geht es dir dann besser? Ich kann nichts mehr für dich tun. Nachher wirst du schon einschlafen, du brauchst den Schlaf."

Diese Situation hat sich mehrere Male wiederholt, und sehr oft hörte das Weinen bald auf. Fortan hat Julian beim Einschlafen nicht mehr geweint.

● **Das tröstende Weinen**

Weinen kann auch eine Erleichterung verschaffende Funktion haben, wenn zum Beispiel physischer Schmerz vorliegt oder irgend etwas gegen den Willen des Kindes geschieht. Ein Kind kann verschiedenen bekannten Menschen unterschiedlichste Gefühle zeigen, je nach Situation, die das Leben für es bereithält. Mit der Zeit erfährt es, daß man nicht all das haben oder tun kann, was man möchte. (Manchmal ermöglicht einem der Verzicht auf ein Vergnügen ein anderes, viel größeres.)

Auch uns Erwachsenen hilft weinen. Warum wollen wir immer, daß ein Kind zu weinen aufhört?

Es ist kalt, und Anton muß nach Hause kommen, obwohl er voll Freude draußen gespielt hat. Er weigert sich heftig. Seine Mutter nimmt ihn in die Arme, er weint. Er weint, während sie ihn auszieht, er weint sogar im Bad, trotz einiger aufmunternder und tröstender Worte. Plötzlich interessiert er sich für eine Flasche, die vor ihm steht. Begeistert öffnet er sie und füllt sie mit Wasser. Völ-

lig versunken in seine neue Aufgabe und ganz gelöst fängt er an zu plappern.

Wahrscheinlich ging es hier darum, ein Zuviel an Spannung loszuwerden. Man hat den Eindruck, daß Anton alles herausgeweint hat und dadurch bereit wurde, sich auf eine neue Situation einzulassen.

Es gibt Situationen, wo Kinder mit den Füßen stampfen oder brüllen. Ist ein Kind wütend oder traurig, dann kann eine Strafe unsererseits das Übel nur verschlimmern. Es braucht eher unsere Hilfe als schimpfende Worte. Versuchen wir sein Erlebnis, das dieses Verhalten ausgelöst hat, nachzuempfinden und zu verstehen. Solch ein Erlebnis ist oft nur der Anlaß, das „Faß zum Überlaufen" zu bringen, d. h. eine viel größere Not zum Vorschein kommen zu lassen.

Daher sollten wir uns bemühen herauszufinden, warum ein Kind in dieser oder jener Situation überempfindlich reagiert und wie wir ihm helfen können (Müdigkeit, unruhiges Leben, Reaktion auf eine familiäre Veränderung, auf familiäre Spannungen, auf die Abwesenheit eines Elternteils u. ä.). Wir sollten nie vergessen, daß Kinder mit sehr unterschiedlichen Temperamenten auf die Welt kommen: Selbst unter Geschwistern kommt es vor, daß eines von ihnen eine Situation als unerträglich erlebt, die dem anderen keine Schwierigkeiten bereitet. Ein Kind zu schimpfen, würde seine Einsamkeit, Traurigkeit und Notlage nur verschlimmern.

Es kommt immer wieder einmal vor, daß Kinder beim Spielen – auch wenn sie allein sind –, zu weinen anfangen.

Karola ist 26 Monate alt und in ihrem Zimmer beschäftigt. Plötzlich hört ihre Mutter, daß sie weint und schaut nach. Dabei braucht das Kind in diesem Moment weder die Mutter noch sonst etwas. Es weint, weil ihm das, was es vorhatte, nicht geglückt ist. Vielleicht beruhigt sich das Kind von selbst, weil es ihm schließlich doch gelingt oder weil es sich einer anderen Tätigkeit zuwendet.

Matthias ist im Alter von 26 Monaten ein besonders lebhafter Junge. Er wird manchmal sehr zornig und wirft dann sein selbst Gebautes in die Luft, vielleicht weil der schmale Legoturm nicht stehen will. Er ist tief enttäuscht, daß ihm die Dinge nicht gehorchen. Es braucht viel Geduld, um ihn zu beruhigen und ihn dann mit der harten Wirklichkeit – den Gesetzen der Schwerkraft – allein zu lassen. Offenbar brauchte er diese Zuwendung, um einen Mißerfolg akzeptieren zu können. Gleichzeitig war es notwendig für ihn, in seinem Selbstwertgefühl bestätigt zu werden: „Du bist trotzdem ein sehr geschickter Junge. Dein Papa kennt solche Schwierigkeiten auch."

● Die Intensität der kindlichen Gefühle

Ein Kind macht auf diese Art und Weise viele kleine und wichtige Erfahrungen. Wir sind erstaunt über die Intensität dessen, was Kinder erleben, ohne sich uns mitzuteilen. Sie können erst viel später darüber reden. Auch uns kommen solche Erinnerungen erst in psychoanalytischen Sitzungen oder Selbsterfahrungsstunden, und wir erleben viele in der Kindheit nicht zum Ausdruck gebrachte Schmerzen wieder, inszenieren sie gewissermaßen.

Es ist verständlich, daß jemand weint, nachdem er geschimpft worden ist. Das Kind hat dabei eine Kränkung erlebt, und um diese Anspannung los zu werden, wird es weinen, schreien, sich heftig bewegen oder auf den Boden werfen. Es braucht sicher Verständnis und Geduld unsererseits, aber wir dürfen davon ausgehen, daß ein Zornesausbruch Erleichterung verschafft, die es dem Kind ermöglicht, anschließend wieder beruhigt tätig sein zu können. Unsere innere Einstellung wird von ihm sehr wohl wahrgenommen: „Ich verstehe, daß du zornig bist, aber es geht nicht anders." Und wir können unauffällig das blaue Auto in seine Nähe stellen oder das Butterbrot. Es wird das Angebot annehmen oder auch nicht.

Kinder haben ein starkes Bedürfnis nach Sicherheit und Austausch mit dem Erwachsenen. Daher sollten wir ihm, wenn wir dennoch einmal ungeduldig und ärgerlich geworden sind, danach sagen: „Nun ist es vorbei, ich bin nicht mehr verärgert."

Wir stellen dadurch wieder eine Verbindung her. Das Kind weiß, daß die Angelegenheit erledigt und ihm der Erwachsene wieder wohlgesonnen ist. Dies ist umso wichtiger, als das Kind, dessen Beziehung zum Erwachsenen getrübt ist, weiterhin angespannt sein wird, unsicher und zu weiteren Dummheiten aufgelegt – wenn es sich nicht sogar daran gewöhnt, mit dieser schwierigen Lage zu leben.

Es hat sich gezeigt, daß Kinder, die Respekt ihrer Selbständigkeit und ihren Gefühlen gegenüber erfahren, weniger weinen und den Erwachsenen weniger beanspruchen.

Seine Gefühle zeigen können

● *Die große Vielfalt an Gefühlen*

Wenn wir einem kleinen Kind zuschauen, während es frei und ungestört spielt, sind wir oft erstaunt über seine unterschiedlichen Stimmungen: Es lutscht, tastet, wirft etwas weg, nimmt es wieder, berührt etwas behutsam oder ungestüm, plappert, schimpft, schreit oder lallt zufrieden, ohne daß wir uns in irgendeiner Form eingemischt haben. Es bringt – allein mit seinen Spielsachen — Freude und Zufriedenheit zum Ausdruck, genauso wie Zorn, Ärger, Müdigkeit oder Erregung.

All diese Verhaltensweisen scheinen der direkte und tiefe Ausdruck seines Wesens zu sein. Es zeigt sich hier nicht die geringste Abhängigkeit vom Erwachsenen, kein Bedürfnis zu gefallen, keine Notwendigkeit, Widerstand zu leisten, das Kind ist nur es selbst. Sein Wohlbefinden steht in engem Zusammenhang damit, daß es im Augenblick lebt und ein Bild von sich selbst bekommt.

Die Harmonie seiner Bewegungen, sein friedlicher, ernster und erfüllter Gesichtsausdruck zeugen von seiner Ausgeglichenheit.

In der Folge wird sein Spiel abwechslungsreicher und nimmt symbolischen Charakter an, was jeder schon bei größeren Kindern beobachtet hat, aber kaum jemand denkt daran, daß dies auch für kleinere Kinder zutrifft.

● *Heftige Gefühle*

Vielleicht sind Sie erstaunt über die Intensität und Heftigkeit der kindlichen Gefühle, die sich in einer noch wenig nuancierten Sprache äußern! Die Puppe wird ganze Stunden „in die Garage gesperrt", mitunter auch getötet oder verbrannt. „Ich werde dich töten, und du wirst für immer tot sein", sagte ein zweieinhalbjähriger Junge zu seiner Mutter!

Der 26 Monate alte Arnold nimmt seine Lego-Pistole, richtet sie auf seine Mutter und fängt an zu lachen: „Es gibt keine Mama mehr!"

Seine Eltern teilen zu müssen und die besondere Stellung bei der Geburt eines Geschwisterkindes zu verlieren, kann für ein kleines Kind schmerzhaft, irritierend und verunsichernd sein. Versuchen wir solche Gefühle nicht zu bewerten, sondern wohlwollend zu beobachten, auf welche Art und Weise unser Kind seine Überraschung oder Unsicherheit zum Ausdruck bringt. Begleiten wir es, indem wir ihm versichern und es spüren lassen, wie groß und ungetrübt unsere Liebe zu ihm ist. Seine Dynamik wird bald wieder zurückkehren, wenn wir ihm auch das Recht zugestehen, seine Gefühle auf seine Art und Weise zu äußern, und es wird mehr Interesse daran gewinnen, „groß" zu sein. Beziehen wir es in Aktivitäten ein, wo ihm diese Rolle wichtig wird: bei der Pflege des Jüngeren helfen, mit den Eltern zusammen sein zu können, während das Baby schläft und vieles mehr.

● *Das Kind äußert seinen Zorn*

Ein Kind möchte seine Bedürfnisse oder seine Meinung auch äußern, ohne zu wollen, daß dies gleich als Widerstand verstanden wird. Wir werden darauf im folgenden Kapitel zurückkommen. Es ist wichtig für das Kind, auch seine Abneigung gegenüber Dingen oder Ereignissen zeigen zu können. Dabei geht es nicht darum, all seine Wünsche zu befriedigen, sondern darum, ihm zu ermöglichen, diese zu äußern.

„Silvia, komm zum Abendessen!" – „Nein, ich will noch Zug spielen."

Vielleicht sagt man den Kindern: „Was heißt hier **nein**, du hast sofort zu kommen." Seien wir ehrlich: Warum soll es nicht „nein" sagen und seine Meinung und Wünsche äußern? Es wird Ihnen trotzdem gehorchen, aber Sie können mit ihm darüber sprechen, daß es wirklich nicht angenehm ist, das Spiel unterbrechen zu müssen, aber daß es später oder morgen ja weiterspielen kann.

Ein Kind weint während des Essens und zeigt dabei mit dem Finger auf den Kühlschrank. Sie können gern fragen, was es will und versuchen, es zu verstehen: „Du willst Käse, einen Pfirsich oder

Eis?" Sie wissen dann, worauf es Lust hat und können es ihm entweder geben oder ihm erklären, warum es das heute abend nicht mehr bekommt: „Nein, es gibt kein Eis mehr, du hast heute schon Eis gehabt."

Ein Kind nach seinen Wünschen zu fragen heißt nicht gleichzeitig, daß Sie ihm diese erfüllen werden. Sie können aber mit ihm über die Gründe sprechen, warum es jetzt nicht möglich ist, diesem oder jenem Wunsch zu entsprechen. Wenn man es jedoch vor eine Wahl stellt, muß man seine Entscheidung akzeptieren.

● *Fröhlichkeit*

Es ist wichtig, eine ausgelassene Stimmung zeigen zu können. Kinder brauchen die Möglichkeit, Lärm machen zu dürfen, zu schreien oder mit ausgebreiteten Armen zu laufen. Auch hier sind Kinder unterschiedlich, aber alle haben von Zeit zu Zeit das Bedürfnis, lautstark oder gebärdenreich Freude und Zufriedenheit auszudrücken. Dies in einer kleinen Wohnung oder nach einem anstrengenden Arbeitstag auszuhalten, ist nicht immer leicht.

Ich habe bei Kindern, wenn sie aufs Land oder ans Meer fahren, sehr bemerkenswerte Reaktionen beobachtet.

Der zehn Monate alte Joel fährt zum ersten Mal mit einem Segelboot mit. Das Boot verläßt den Hafen. Joel hält sich aufrecht stehend am Mast fest und beginnt aus tiefster Kehle zu schreien, wie er es nie zuvor getan hatte. Als ob ihn eine unbeschreibliche Energie erfüllt und er sich selbst gespürt hat. War es eine Art Zwiegespräch mit dem Kosmos, mit Himmel und Meer?

Bevor wir mit dem Kind sprechen, sollten wir ihm auch zuhören

Um mit einem Kind tatsächlich in ein Zwiegespräch kommen zu können, müssen wir ihm zuerst zuhören und es beobachten. Wir sollten versuchen zu verstehen, was es empfindet und wonach es sucht.

Für viele Eltern ist es nicht selbstverständlich, ihrem Kind zuzuhören. Sie reden, erklären, erteilen Ratschläge und schimpfen, wenn diese nicht befolgt werden. Dabei merken sie nicht, daß sie sich dem Kind nicht wirklich zu-wenden: Wo befindet sich das Kind gerade, und wie erlebt es die momentane Situation?

Wenn es dann schon sprechen kann und wir innehalten, um ihm eine Frage zu stellen, sind wir manchmal erstaunt, daß sein Verständnis überhaupt nicht dem unseren entspricht.

● *Zuhören, um zu verstehen*

Versuchen wir also von Anfang an, seine Äußerungen wahrzunehmen, bevor wir mit ihm sprechen. Wenn wir ihm sagen, daß wir es zum Essen holen, warten wir einige Sekunden darauf, daß es seine Arme ausstreckt. Es ist dies ein beiderseitiges „Üben": Das Kind erfährt, daß es sich ausdrücken kann; wir lernen, es zu beobachten, seine Sprache zu verstehen, es wirklich wahrzunehmen, bevor wir das tun, was uns notwendig erscheint.

„Den Eltern hört man viel zu, den Kindern kaum", sagte jüngst Prof. Lebovici anläßlich eines Symposiums über die Untersuchungen im Emmi-Pikler-Institut (Lóczy).

Ist uns dieses Zuhören schon vertraut, können wir auch mit einer Empfehlung wie der folgenden mehr anfangen: Sprechen Sie mit einem Kind, geben Sie ihm Worte für das, was es empfindet. Wir können uns hineinfühlen in das Erleben eines Kindes und ihm unser Verständnis dafür zeigen.

Der zweijährige Roman wird von seinem Kindermädchen Maria in die Kindergruppe gebracht. Kurz nachdem diese gegangen ist, stürzt er sich auf ein vor ihm spielendes Mädchen und zieht es an den Haaren.

Die Betreuerin nähert sich und spricht mit ihm: „Ich glaube, du bist zornig, weil Maria gegangen ist." Er schaut sie erstaunt an, sein Körper wird weicher, und er fängt an zu weinen.

Die Betreuerin spricht nun weiter mit ihm, erklärt ihm, wann Maria zurückkommen wird und wo sie jetzt gerade ist. Roman weint noch kurze Zeit und spielt zunächst einmal für sich. Dann aber schließt er sich den anderen Kindern an und hat offensichtlich den Rest der Zeit viel Freude zusammen mit ihnen.

In dieser Weise können wir ehrlich über Gefühle sprechen: Traurigkeit, Unzufriedenheit, Besorgnis. Das Kind fühlt sich verstanden oder zumindest in seinen Gefühlen respektiert. Werden diese nicht beachtet, entstehen zahlreiche Verhaltensauffälligkeiten, Unruhe oder angebliche Bösartigkeit. Das vorhergehende Beispiel illustriert das gut.

Die Betreuerin hätte mit Roman auch schimpfen können, indem sie zu ihm sagt: „Hauen tut man nicht, du bist böse." Sie hätte dann darüber mit seinem Kindermädchen sprechen können, das es wiederum den Eltern erzählt hätte. Man kann sich vorstellen, wie sehr sich dieser Junge von den Erwachsenen, die wichtig für ihn sind und in seinen Augen Recht haben, mißverstanden fühlt: Er spürt, daß er ihren Erwartungen nicht entspricht und fühlt sich allein. Sein Selbstwert leidet. Und wie wird er seinen nächsten Besuch in der Kindergruppe beginnen?

Es läßt sich nicht vermeiden, daß dieses Kind traurig oder beunruhigt ist, wenn es merkt, daß sein Kindermädchen gegangen ist. Aber es ist möglich, ihm dabei zu helfen, mit dieser Situation zurecht zu kommen, indem wir Verständnis für seine Gefühle zeigen. Worte werden seine Besorgnis oder seinen Kummer nicht auflösen, aber ihm Sicherheit vermitteln. Es ist ein Unterschied, ob wir mit einem Schmerz allein gelassen werden oder jemanden an unserer Seite wissen, der uns versteht und Anteil nimmt.

Es ist nicht immer einfach, dies in die Praxis umzusetzen: Unser Kind zu begleiten heißt, seine Gefühle zu respektieren – auch wenn wir sie nicht kennen –, ihm nicht unsere Vermutung über seine Gründe aufzudrängen, sondern ihm zuzuhören (auch wenn es still bleibt) und erst dann mit ihm zu sprechen. Darin liegt ein feiner Unterschied.

So begegnen wir wieder dieser eigentlich sehr befreienden Tatsache: *Das Kind entwickelt sich selbständig.* Es lebt sein Leben, es weiß, warum es Schmerzen hat und was es braucht. Meine Aufgabe ist, es dabei zu begleiten, ihm meinen Möglichkeiten entsprechend zu helfen. Ich kann nicht alles verstehen und auch nicht alle Schwierigkeiten für mein Kind lösen. Ich bin ihm nahe und trage Verantwortung, aber wir sind eigenständige Menschen. Das Kind ist eine eigenständige Person. Es gehört uns nicht. Ich bin nicht das Kind. Sein Leben liegt nicht in meinen Händen. Wenn es weint, geht es nicht darum, daß ich versuche, sein Weinen zu beenden oder seinen Schmerz aufzulösen, sondern darum, ihm zu helfen, diesen besonderen Augenblick aufs beste leben zu können. Das heißt: zu entdecken, wozu es selbst fähig ist, um eine schwierige Situation zu meistern.

Ihr sechs Monate alter Säugling weint, als Sie ihn nach einem langen friedlichen Augenblick in Ihren Armen wieder auf den Boden zu seinen vertrauten Spielsachen legen: Sie können ihn jetzt sofort wieder aufnehmen mit den Worten: „Das mag er nicht", Sie können aber auch sanft mit ihm reden, indem Sie ihm vorschlagen, Neues zu entdecken, auszuprobieren und ihm zeigen, daß Sie nach wie vor da sind, aber er jetzt alleine spielen kann. Sie können Vertrauen in ihn haben, daß er etwas finden wird, was sein Interesse weckt und ihm dadurch auch zu Selbstvertrauen verhilft. Sie helfen ihm also dabei, daß er ein wenig mehr Bewußtsein über sich erlangt, seine Fähigkeiten kennenlernt und Freude daran gewinnt, allein und mit sich zu sein.

Viele von Ihnen haben sich sicher schon, meist durch Fernsehsendungen, für Psychoanalyse interessiert. Angesichts wunderbarer Erklärungen von genialen Persönlichkeiten glauben nun manche Eltern vorschnell, auch so mit ihren Kindern sprechen zu können. Dabei ist die psychoanalytische Situation eine sehr spezielle, und kein Elternteil sollte der Analytiker seines Kindes sein. Hier ist äußerste Vorsicht angebracht.

Wir werden einem Kind nicht sagen: „Du hast an den Haaren dieses Mädchens gezogen, weil du Angst hast, nachdem man dich allein gelassen hat." Ebensowenig: „Du schläfst schlecht" oder „Du bist unausstehlich, weil dein Papa und deine Mama gerade Schwierigkeiten miteinander haben". Hier geht es um ursächliche Zusammenhänge, die ein kleines Kind unmöglich verstehen kann. Solche Worte verängstigen es bloß.

Man muß gut unterscheiden zwischen solchen Interpretationen, die das Kind und sein Verhalten festlegen, und der Fähigkeit, ihm Verständnis für sein Verhalten zu zeigen: Wir werden es nicht als „schlecht" beurteilen, sondern ihm helfen. Auch uns ging es ähnlich, als wir klein waren.

● *Zuhören, um im Gespräch mehr Verständnis zeigen zu können*

Mit dem Kind über dessen eigene Empfindungen zu sprechen, führt noch zu anderen Überlegungen:

– Wir haben keine Gewißheit über seine Gefühle, und nur das Kind selbst weiß, was es wirklich empfindet. Wenn man das berücksichtigt, wird sich auch unsere Gesprächsform verändern: Wir werden gemeinsam mit dem Kind herauszufinden versuchen, ob es dies oder jenes fühlt. Immer nach dem Motto: Wir begleiten das Kind.

Bettelheim selbst betont, wie indiskret es ist, die unbewußten Gedanken eines Individuums zu interpretieren, ohne daß der Betroffene darum gebeten hat. Wenn sich ein Kind beherrscht fühlt, kann dies erdrückende Auswirkungen haben. Sehen wir in ihm dagegen eine völlig eigenständige Person, würden wir viele Dinge, die wir auch Erwachsenen gegenüber nicht äußern oder von denen wir auch selbst verschont bleiben möchten, niemals sagen. Da wären eher folgende Worte angebracht: „Ich habe den Eindruck, daß irgend etwas nicht in Ordnung ist. Vielleicht bist du beunruhigt, es scheint mir, als ob ..."

Bei zu starren Interpretationen beginnen Kinder, sich aufzulehnen, mit dem Fuß zu schlagen, nein zu schreien: Nein! – Sie werden als unberechtigtes Eindringen empfunden:

– Wir werden versuchen, einfach und auch behutsam zu sprechen. Ein Kind versteht sehr gut, was man ihm sagt, man muß es nicht wiederholen. Wenn es nicht zu verstehen scheint, hat es vielleicht Schwierigkeiten damit, es zu akzeptieren. Aber es ist ohne weiteres möglich, daß es trotzdem einen Nutzen daraus zieht (s. auch das Beispiel von Nathalie im 3. Kap.).

– Wir werden einem möglichen Irrtum unsererseits offen gegenüber bleiben: daß eben doch noch ein anderer Grund die Ursache für das Unwohlsein des Kindes sein kann. Wir können seine Mimik beobachten, seinen Worten zuhören. Vielleicht hat es schon genug sprachliche Möglichkeiten, um etwas zu erklären. Es ist eine gemeinsame Suche, und wir spüren, was das für unser Kind bedeuten kann: Es erfährt, daß man Rücksicht auf seine Person nimmt. Dies beeinflußt das Bild, das es im Begriff ist, von sich selbst zu entwerfen.

Sprechen allein löst nicht alle Schwierigkeiten

Mit dem Kind zu sprechen ermöglicht ihm, einer Schwierigkeit ins Auge zu sehen, es räumt diese aber nicht aus dem Weg, wie wir irrtümlich oft annehmen.

Der zweijährige Daniel ist bei einem gleichaltrigen Freund zum Spielen eingeladen. Dieser beschützt eifersüchtig seine Autos und verhindert jede Annäherung. Die Mutter wundert sich: „Ich habe ihm doch erklärt, daß Daniel sie nicht mit nach Hause nehmen wird."

Die 18 Monate alte Lisa hat Einschlafschwierigkeiten, sie ist aufgeregt und etwas beunruhigt während der Wintersportferien. Ihre Mutter wundert sich: „Ich habe ihr doch genau erklärt, daß wir nur einige Tage hier sind und sie dann wieder zuhause bei ihren Spielsachen sein wird."

Man ist leicht geneigt zu glauben, daß Eltern oder Erwachsene jede problematische Gefühlsregung lösen können. So als ob das Kind sofort fähig sei, unsere Erklärung zu akzeptieren.

Es muß aber erst einmal unsere Erklärungen „verdauen". Auch hier ist es das Kind, das diese Arbeit leistet. Es wäre so angenehm, Schwierigkeiten und Schmerzen verschwinden lassen zu können, aber damit würden wir dem Kind die Möglichkeit nehmen, seine Probleme selbst zu lösen.

Der 26 Monate alte Julian befindet sich bei Freunden in der Badewanne mit einem etwas älteren Mädchen. Seine Mutter entfernt sich und sagt ihm, daß sie heute abend mit seinem Vater noch ausgehen wird. „Nein!" Julian steht auf. Er will, daß sie ihn herausnimmt.
Sie erklärt ihm, daß sie glaubt, er sei unzufrieden und verärgert über ihr Weggehen. Dabei hilft sie ihm, sich wieder ins Wasser zu setzen. Er spielt ein wenig, steht wieder auf und streckt ihr die Arme entgegen.
„Du weißt sehr wohl, daß ich gehen werde; ich komme bald zurück und sehe dich dann wieder."
Tränen, Murren, die Mutter berührt ihn ein wenig. Es ist nicht

leicht, ein badendes Kind auf den Arm zu nehmen, wenn man schon zum Fortgehen gerichtet ist!

„Schau, Bernadette ist auch da, um mit dir zu spielen." Stille. Julian sitzt immer noch in der Badewanne. Er beobachtet kurz seine Mutter, dreht sich zu Bernadette, nimmt die Schwimmente, füllt sie etwas verträumt mit Wasser und schüttet dann das Wasser über dem Mädchen aus, schaut seine Mutter an und sagt: „Tschü, Tschü" (Tschüss, du kannst gehen, ich bin einverstanden!).

Die Freundin, von der er betreut wurde, erzählte, daß er überhaupt nicht geweint, aber gut gegessen hatte und ohne Probleme eingeschlafen sei.

Obwohl sein „Tschü" nicht gerade begeistert geklungen hat, war es Julian doch gelungen, eine für ihn schwierige Sache zu bewältigen.

Wenn seine Mutter sich ohne Umschweife verabschiedet hätte, hätte Julian wahrscheinlich kurz geweint und sich dann beruhigt. Diese innere Auseinandersetzung wäre aber nicht möglich gewesen: daß er nämlich selbst seiner Mutter mitteilt, wann sie gehen kann.

Sie spüren sicher den Unterschied. Es wird auch deutlich, wie hilfreich es für das Kind und seine Bereitschaft, der Erwartung der Erwachsenen zuzustimmen ist, wenn diese mit ruhiger Bestimmtheit und Entschiedenheit geäußert wird.

Sich selbst respektieren

Seien wir achtsam: Wenn wir allein mit einem Kind sind, lassen wir uns mitunter gehen. Manchmal wird uns gar nicht bewußt, wie wir an ihm aufgestaute Spannungen, heimlichen Groll oder tief verdrängten Ärger auslassen: „Ich weiß nicht, warum ich so wütend werde."

Was haben wir als Kinder erlebt, daß wir es jetzt wiederholen müssen? Manchmal löst ein aktuelles Erlebnis einen sehr starken Gefühlsausbruch aus. Vielleicht sollten wir uns in solchen Momenten eher fragen, wie es uns mit unserem Partner geht und nicht unser Kind als Zielscheibe für versteckten Groll mißbrauchen.

Bemühen wir uns, ein Kind nicht zu ärgern, nicht zu schikanieren und in Situationen, die für uns komisch sind, nicht über es zu lachen.

Sprechen wir nicht in seiner Gegenwart über das Kind. Ahmen wir sprachliche Schwierigkeiten von Kindern nicht nach. Wir sollten uns auch nicht lustig über es machen, wenn es ihm z. B. nicht gelingt, aufs Fahrrad zu steigen oder wenn es über eine Stufe gestolpert ist.

Hüten wir uns davor, etwas zu sagen, was wir Erwachsenen auch nicht gerne hören würden. Kleine Kinder sind sehr viel sensibler als wir denken.

Auch unsere übertriebene Form von Anerkennung: „Das hast du toll gemacht!" ist meist überflüssig:

Ich komme ins Zimmer von Moritz, der gerade einen äußerst schwierigen Turm baut. Es ist das erste Mal, daß ich einen so hohen Turm von ihm sehe, und ich kann meine Bewunderung nicht zurückhalten: „Oh, ist der aber schön!" Moritz schaut mich erstaunt an, als ob er ein wenig verärgert sei und hört mit dem Bauen auf.

Mein übertriebenes Verhalten hat ihn irritiert.

Moral oder Verständnis

Die vier Monate alte Maria wird ihren Großeltern anvertraut, als ihre Eltern acht Tage auf Urlaub fahren. Bei deren Rückkehr weigert sich Maria drei Tage lang, ihrer Mutter zuzulächeln. Sie trinkt ihr Fläschchen nicht sehr gut und bleibt etwas angespannt: „Sie zahlt es dir heim", wurde der jungen Mutter gesagt.

Man hält dieses kleine Mädchen für dickköpfig und anspruchsvoll. Aber man versucht nicht, Verständnis für die Erlebnisse und Gefühle des Kindes aufzubringen.

Wir werden im 3. Kapitel sehen, wie sehr ein Säugling tatsächlich irritiert werden kann, wenn er von seiner Mutter getrennt wird. Alles verändert sich, der Säugling hat plötzlich seine Orientierungsmöglichkeiten verloren und bemüht sich, neue aufzubauen. In dem Augenblick, wo er dies beinahe geschafft hat, muß er sich schon wieder umstellen.

Das Kind braucht unser Verständnis. Wir sollten mit ihm sprechen und ihm behutsam helfen, sich wieder zurechtzufinden. Es ist wichtig, ihm dafür die nötige Zeit zu lassen.

Natürlich kann auch Groll von seiten des Kindes mit im Spiel sein, aber wir haben keinen Beweis dafür.

Ein kleines Kind unter drei Jahren wird von seinen Gefühlen leicht überwältigt, wirkt empfindlich und verletzbar. Es hat das Bedürfnis nach Geborgenheit, danach, sich in einer innigen Beziehung – mit seinen Eltern oder anderen Erwachsenen – wieder zu sammeln.

> *Eine alleinstehende Mutter verbrachte jeden Abend, nachdem er aus der Kinderkrippe nach Hause gekommen war, eine Viertelstunde mit ihrem Sohn, bevor sie irgendeiner anderen Tätigkeit nachging. Sie hatte beobachtet, daß Daniel anschließend ausgeglichen und kooperativ war. Wenn sie statt dessen sofort anfing, das Abendessen zuzubereiten, wich ihr Sohn nicht von ihrer Seite und benahm sich widerspenstig.*

Darüber werden wir noch ausführlicher sprechen, wenn es um das Thema Wiedersehen nach einer Trennung geht.

Auch Erwachsene haben Gefühle

So, wie wir mit dem Kind über seine Gefühle sprechen, sollten wir ihm auch unsere mitteilen. „Heute bin ich müde, ich bin nervös und merke, daß ich mich sehr leicht aufrege. Es wäre besser, wenn du in deinem Zimmer spielst und nicht allzu oft in die Küche kommst!" „Jetzt bin ich zornig geworden, es tut mir leid, entschuldige bitte."

Kinder, mit denen wir so umgehen, sind im allgemeinen verständnisvoll und fähig, tatsächlich allein in ihrem Zimmer oder an einem anderen interessanten Ort zu spielen. Selbstverständlich nicht immer – die Anspannung der Mutter oder einer anderen anwesenden Person beeinflußt auch ihr Wesen und läßt sie aufgeregt und unzufrieden werden.

Auf jeden Fall wird sich ein Kind, dessen Mutter die eigenen Gefühle klar ausgesprochen hat, weniger schuldig für diese Situation fühlen: Es wird sich in gewisser Weise davon distanzieren können und zu verstehen beginnen, daß es nicht allein verantwortlich für eine schlechte Stimmung ist.

So bekommt es erneut Gelegenheit, aktiv die Wirklichkeit zu gestalten und sich nicht von ihr erdrücken zu lassen.

Ein Kind entdeckt zuerst sich selbst und dann – von sich ausgehend – die Welt. Es erlebt sich also als Mittelpunkt der Welt und dadurch oft als Ursache für das, was um es herum geschieht. Selbst ältere Kinder fühlen sich schnell verantwortlich für Erschöpfungszustände oder Krankheiten eines Elternteils, für deren Streitigkeiten oder andere unangenehme Vorkommnisse. Wir sollten darauf achten, daß dieses Gefühl sie nicht belastet, damit sie sich weiter entfalten können, ohne von den Problemen Erwachsener „erdrückt" zu werden.

Das Kind kann sich durch die ihm zugestandene Freiheit in der Bewegungsentwicklung in seinem eigenen Körper erleben, und es kann aufgrund des ihm erwiesenen Respekts seine eigenen Gefühle wahrnehmen.

Die Möglichkeit zu haben, *das zu sein, was man ist*, erlaubt das ungehinderte Fließen von Energie. Im Laufe von Selbsterfahrungsseminaren, bei erfolgreichen Psychoanalysen, haben wir – oft mit großem Schmerz verbunden – all das wiedererlebt, was wir als Kind gefühlt und damals verbergen mußten. Nach solchen Erfahrungen läßt sich oft eine viel größere Vitalität und Lebensfreude beobachten (auch wenn die Lebensbedingungen nicht immer die besten sind) sowie eine stabilere Gesundheit, wenn nicht sogar Heilung von somatischen Problemen, die mit medizinischer Behandlung nicht zu erreichen war.

Dies erinnert an das bereits erwähnte Zitat Bettelheims: „Es gibt kein größeres Vergnügen als zu spüren, daß man funktioniert." Es sollte den Versuch wert sein, unserem Kind Möglichkeiten zu bieten, sein Leben so weit wie möglich in Einklang mit sich selbst leben zu können.

Auch wird es ihm den schwierigen Weg seiner sozialen Anpassung erleichtern, wenn wir es dabei verständnisvoll begleiten.

2. Kapitel

Auf dem Weg in die Gemeinschaft

„Das Kind strebt danach, erwachsen zu werden, nicht, indem es alles umfassend erklärt und vorgezeigt bekommt, sondern indem es mit eigenem Einsatz forscht und selbständige Erfahrungen macht."

Jean Piaget

Aus dem Säugling wird ein Kleinkind. Es wird immer beweglicher, verläßt sein Zimmer, beginnt am Familienleben teilzunehmen und kommt mit der materiellen und sozialen Wirklichkeit in Kontakt. So vieles will entdeckt werden, alle Regeln wollen kennengelernt und respektiert werden! Dies bedeutet viel Arbeit für ein Kleinkind! Genauso wie für seine Eltern! Wann sollen sie tatsächlich Grenzen setzen und wann ein Auge zudrücken? Ist schimpfen notwendig? Welche Position gilt es einzunehmen: Laisser-faire oder autoritäres Verhalten?

Wir haben schon davon gesprochen, die Gefühle des Kindes und seine persönliche Ausdrucksweise zu respektieren. Jetzt geht es darum, ihm zu helfen, diese in entsprechender Form zu leben – die Möglichkeiten hierfür sind sehr zahlreich!

Um es noch einmal zu erwähnen: „Das Lebendige funktioniert weit entfernt vom Gleichgewicht": Es gibt in den seltensten Fällen nur *eine* gute Antwort. Die meisten Eltern finden ihre eigenen Lösungen und sind damit zufrieden.

Aber es gibt auch viele schwierige Kinder, die Widerstände zeigen und nur schwer akzeptieren können, daß ein Leben in Gemeinschaft Erwartungen an sie stellt. Dies hängt sowohl von der Persönlichkeit jedes einzelnen ab als auch von der Art, wie sie das Leben kennengelernt haben. Emmi Pikler war der Meinung, daß dies oft das Ergebnis eines „schlechten Erziehungsverhaltens" sei.

Darum ist der Anfang so wichtig!

Ich werde dieses Problem nicht ausschöpfen, sondern Ihnen, dem Tenor dieses Buches entsprechend, einige nützliche Informationen geben, vor allem anhand von Beobachtungen durch Fachleute. Wenn Sie sich ein aufgewecktes Kind wünschen, das gehorchen kann und trotzdem auf heitere Art Einwand erheben darf, ein Kind, das sich mit anderen gut versteht und welches man ohne Probleme einer dritten Person anvertrauen kann – dann werden Sie diese Zeilen sicher interessieren.

Unsere Grundidee: Ein kleines Kind verfügt über eine innere Dynamik, die es ihm ermöglicht, sein Leben selbständig zu gestalten. Es ist nicht dafür bestimmt, sich zu unterwerfen, sondern sein eigenes Leben selbst in die Hand zu nehmen.

Wenn es ihm gut geht und es Selbstvertrauen entwickelt, hat es auch das Bedürfnis, größer zu werden und sich in die Welt der Erwachsenen einzufügen. Wenn es fröhlich und in Geborgenheit aufwachsen kann, wird sein Widerstand kein dramatisches Ausmaß annehmen. Wichtig ist er trotzdem und auch nicht unvermeidlich. Wir können unserem Kind auf jeden Fall vertrauen, wenn es sich unserer Hilfe und Begleitung sicher sein kann.

Was wir beachten sollten

● *Der Säugling ist nicht der Mittelpunkt der Welt*

Der Säugling wächst und wird zum Kleinkind. So kommt die Zeit des Übergangs vom Säugling, dem man alles gibt und den man beschützt, zum Kleinkind, das seinen Wirkungsbereich erweitert. Es muß sich nun in das soziale Leben integrieren und dessen Regeln, Grenzen und Gefahren akzeptieren lernen. Es erfährt, daß sich die anderen und die Umgebung nicht immer nach ihm und seinen Bedürfnissen richten.

Begleiten Sie es in dieser Übergangszeit, aber organisieren Sie nicht Ihr ganzes Leben *rund um Ihr Kind.* Einigen von uns fällt das leicht, für andere ist es schwierig. Wie z. B. für junge Mütter, die ihr Berufsleben aufgegeben haben, um sich den Kindern zu widmen: Ihr Ehemann wird meist sehr von seiner Arbeit beansprucht, und in der Welt der Frauen dreht sich alles um die Kinder. Schwierig ist es auch für Mütter, die in ihrer Beziehung nicht die Erfüllung finden, die sie erwarten, oder für jene, die aus wirklichem Interesse für ihr Kind perfekte Mütter sein wollen: Das Kind kommt immer an erster Stelle, und sie stellen ihr eigenes Leben hinten an.

Manchmal geschieht dies aus großer Überzeugung, und nichts kann sie davon abhalten. Erst später werden sie mit den Konsequenzen konfrontiert: Das Kleinkind hat inzwischen gelernt, daß sich alles um es dreht. Die Meinung, daß seine Eltern ihm zu Diensten sind, verfestigt sich.

Sicher ist es notwendig, daß der kleine Säugling immer wieder spürt, daß er das Wichtigste und Wertvollste für seine Eltern ist: Dies ist die Basis, um eine Vorstellung von seinem eigenen Wert entwickeln zu können. Zu glauben, daß sich das Leben nur um es dreht, ist aber etwas anderes. Anfänglich liegt dies zwar in der Natur der Sache, aber je größer das Kind wird, desto mehr wird es gewahr werden müssen, daß es in eine schon bestehende Welt hineingeboren wurde, in die es sich immer mehr zu integrieren versuchen wird.

Wir haben bereits gesehen, wie aktiv ein Kind seine Umgebung entdeckt und wie beweglich es sein kann. Nun geht es darum, wie es in der Welt, von der es umgeben ist, seinen Platz findet:
– wie es vertraut wird mit den bestehenden Regeln und Verhaltensweisen;
– wie es sein Interesse an dieser Welt zeigen und aktiv teilnehmen kann;

● *Drei Erziehungsauffassungen*

Vergegenwärtigen Sie sich auch folgende drei unterschiedliche Auffassungen von Kindererziehung:
– Die Meinung, man müsse ein Kind *dressieren*, ihm beibringen, sich den Gesetzen und den Erwachsenen zu fügen, es mitunter sogar dazu zwingen, „sonst wird es dies nie lernen!" Die traditionelle Erziehungspraxis war auf Belehrung ausgerichtet und darauf, sich den Autoritäten zu unterwerfen. Für die Entwicklung persönlicher Initiative, von Selbstvertrauen, Gleichheits- und Toleranzgefühl bot sie kaum Möglichkeiten, da sie nach dem Prinzip gehandhabt wurde, daß der Stärkere mit seinem Wissen und Können den Schwächeren beherrscht. Dadurch wird dem Kind von Geburt an vermittelt, daß sich zwischenmenschliche Beziehungen auf Macht, Gewalt und Unterwerfung aufbauen.

– Die gegenteilige Auffassung geht davon aus, daß wir Kindern helfen sollten, die Gründe für gesellschaftliche Regeln und Verbote zu verstehen und aus dem Wunsch heraus, größer zu werden, sich ihnen zu fügen, um sich der Gesellschaft der Erwachsenen anschließen zu können. Dies schließt das Wirken erwachsener Autorität nicht aus, aber ihr geht voran, daß wir dem Kind zuhören, ihm die Sache erklären und gemeinsam über die Notwendigkeit von gesellschaftlichen Erwartungen nachdenken.

– Der *Laisser-faire*-Stil: Diese sehr verbreitete, aber nicht immer bewußt gewollte Praxis führt oft dazu, daß die Kinder sich im Ungewissen bewegen, unsicher und haltlos werden und gleichzeitig den Eindruck gewinnen, stärker als die Eltern und Erwachsenen ihrer Umgebung zu sein. Dies ermöglicht selten die Entwicklung einer wirklich stabilen Persönlichkeit und fruchtbarer Intelligenz.

Die Ihnen selbst zuteil gewordene Erziehung entspricht wahrscheinlich eher dem einen oder anderen Extrem, und Sie haben Ihre eigene Meinung über deren Vor- und Nachteile (positive oder negative Auswirkungen). Daraus resultiert auch Ihre Haltung den eigenen Kindern gegenüber. Wir bemerken oft, daß Einstellungen, die wir ablehnen, jene sind, die wir als Kinder erlebt haben.

Die erste oben beschriebene Erziehungsauffassung entspricht nicht der unseren, da sie im Kind ein Wesen sieht, das es – wenngleich nach sehr redlichen Vorstellungen – zu formen gilt. Diese Auffassung wurde von Alice Miller im Buch „Am Anfang war Erziehung" abgestempelt unter dem Begriff „schwarze Pädagogik". Hier beschrieb sie jene pädagogische Auffassung, die in Deutschland im letzten Jahrhundert bis zu Beginn unseres Jahrhunderts grassierte. In sehr viel geringerem Ausmaß wird sie noch von manchen Eltern favorisiert: *„Du hast nicht um Erklärungen zu fragen. Wenn ich es sage, hast du zu gehorchen."*

Ein in diesem Sinne erzogenes Kind denkt sich: *„Diese Erwachsenen sind stärker als ich, ich will mich verleugnen, daher folge ich"*, und es wird versuchen, den Erwartungen seiner Eltern zu entsprechen. Sicher ist das möglich, aber mit der Zeit wird es Gefahr laufen, sich in eine der folgenden Richtungen zu entwickeln:

– sich total zu fügen, wobei diese Haltung zum Charakterzug wird: Es wird immer wieder nach Autoritäten und Meistern suchen;

– sich im tiefsten Inneren den Wunsch nach Unabhängigkeit und Selbstbestimmung zu bewahren, woraus Unruhe, Schlafstörungen oder andere Symptome resultieren; später als Jugendlicher oder im Erwachsenenalter, kann daraus Widerstand, oft auch asoziales Verhalten werden;

– sich unbewußt mit dem Stärksten zu identifizieren; in der Schule und später als Erwachsener wird es im Berufsleben oder in der Gesellschaft schließlich den Platz des Stärkeren, den es bewundert hat, einnehmen. Endlich kann es selbst herrschen, um vielleicht anderen das „heimzuzahlen", was es selbst erlitten hat.

Kinder, die nach der zweiten, oben geschilderten Auffassung erzogen wurden, werden leichter und von innen heraus Regeln und Grenzen akzeptieren. Sinn und Wichtigkeit werden ihnen einleuchten bzw. sie haben den Mut, sie in Frage zu stellen, wenn sie ihnen widersprüchlich oder ungerecht erscheinen. Wenn sie gegen diese Regeln verstoßen, dann bewußt und überlegt, weil sie entweder nicht einverstanden sind mit den an sie gestellten Forderungen oder weil sie es vorziehen, ihre eigenen Wünsche zu befriedigen. Es handelt sich hier weniger um Willkür, Groll oder überbordende Gewalt. Zwischenmenschliche Beziehungen sind in ihren Augen eher auf Zusammenarbeit als auf Macht des Stärkeren über den Schwächeren aufgebaut.

Wenn wir wollen, daß sich unsere Kinder die Freiheit ihrer Gedanken und Ideen bewahren sowie die Fähigkeit, sowohl zu widersprechen als auch sich einem gemeinsamen Interesse zu fügen, dann sollten wir versuchen, ihnen die Möglichkeit zu bieten, aktiv am Sich-vertraut-Machen mit diesen Regeln zu beteiligen. Darum soll es im folgenden gehen. *

---

* Allein oder mit unserem Partner können wir uns überlegen, welche dieser Erziehungsauffassungen uns am besten entspricht. Wie wurden wir selbst erzogen, von den Eltern, durch die Schule? Was für ein Erwachsener sind wir selbst geworden?
Solche Fragen zu beantworten, ist nicht immer erfreulich, aber wir sind nicht für unsere Erziehung verantwortlich. Diese Überlegungen könnten uns aber bei der Erziehung unserer eigenen Kinder helfen.

Erlaubtes und Verbotenes unterscheiden lernen

Der Säugling fängt an, sein Zimmer zu verlassen und sich für alles zu interessieren, was in sein Gesichtsfeld gelangt. Er möchte alles berühren, es in seinen Mund nehmen, mit den Händen ergreifen und erkunden.

Es gibt aber auch gefährliche und zerbrechliche Dinge. Somit beginnt für viele Eltern eine anstrengende Zeit, da sie ihrem Kind überallhin folgen müssen. Wenn wir ihm die Möglichkeit bieten wollen, Neues zu entdecken, werden wir problematische Gegenstände wegräumen und sie nach und nach mit dem Zunehmen seiner motorischen Fähigkeiten wieder zurückstellen.

Trotzdem gibt es immer noch viele Dinge, die man nicht entfernen kann.

Daher befinden wir uns oft in seiner Nähe, um es sowohl geeignete Gegenstände berühren und entdecken zu lassen als auch um ihm zu zeigen, wann das nicht geht, weil es entweder gefährlich und daher verboten oder unerwünscht ist. Bedenken wir, daß diese Hinweise neu für das Kind sind.

Beobachten Sie: Ihr Kind nähert sich auf allen Vieren einem Regal mit alten Zeitschriften, die Sie von ihm ausräumen lassen. Als es dann bei wertvollen Büchern anlangt, halten Sie es davon ab, diese zu berühren. Kurz darauf interessiert es der Knopf des Videogerätes, der in seiner Reichweite ist: erneut ein Verbot. Auf den alten Sessel darf es jedoch hinaufklettern und die Polster durcheinanderbringen, aber nicht die vom Ledersofa ... Ganz schön schwierig ...

Wie soll man sich hier mit acht oder zehn Monaten zurechtfinden? Eine kleine Liste mit Anhaltspunkten und Beobachtungen wird Ihnen dabei helfen.

● *Klare Botschaften vermitteln*

Mittlerweile wissen wir, daß Kinder unsere Sprache viel besser verstehen als wir annahmen. Sie werden sehen, daß Sie entweder eine eher erklärende oder eine eher einschränkende Haltung einnehmen können.

Sie können das Herumwandern Ihres Kindes begleiten, seine Freude am Herausziehen der erlaubten Zeitschriften teilen und ihm helfen, indem Sie sich vor die nicht zu berührenden stellen und mit ihm sprechen: „Nein, mit diesen geht das nicht", wobei Sie ihm andere, ungefährliche Möglichkeiten anbieten, sein Erforschen fortsetzen zu können.

Wir kommen immer wieder auf diese erste Feststellung zurück: Von Geburt an versucht das Kind, die Welt, die es umgibt, zu verstehen und in ihr mitzuwirken. Wir müssen uns immer wieder bewußt machen, daß es nichts kennt und alles kennenlernen muß, aber daß es gerne lernt. Gehen wir so vor, daß es ihm Schritt für Schritt gelingt, klar zu verstehen, was wir nicht erlauben, und zögern wir nicht, ihm Dinge zu erklären, sie ihm zu zeigen und von ihm berühren zu lassen.

Geben wir ihm klare Zeichen

Ein Beispiel: Der Säugling schläft in seinem Bett. Wenn er beim Erwachen dort Spielsachen, ein Mobile über seinem Kopf, eine Schnur, die er in Bewegung setzen kann oder an der er ziehen kann und vieles mehr vorfindet, dann ist für ihn das Bett nicht nur ein Ort zum Schlafen, sondern auch zum Spielen.

Wenn dieser Säugling aber, sobald er aufgewacht ist, an einen anderen Ort zum Spielen gebracht wird, wird er einen Unterscheid wahrnehmen: Da gibt es einen Platz zum Schlafen, das Bett, und dann gibt es Plätze, wo man tätig ist, spielt und sich bewegt.

Worte, die es „verstehen" kann

Wenn Ihr Kind beispielsweise anfängt, mit der Erde von Grünpflanzen zu spielen, halten Sie es davon ab, indem Sie ihm zeigen, daß die Erde dann auf seinen Händchen bleibt, auf den Teppich fällt und in seinen Mund gelangt. „Ich möchte das nicht", „Das ist nicht gut". Jedes Mal, wenn es sich nähert, wiederholen Sie diese Worte.

Einfacher wäre es, die Pflanzen solange wegzustellen, bis es mit Sand genügend Erfahrungen gesammelt hat und keine Erde mehr in den Mund nimmt.

Manche Kinder im Alter von zehn, elf, zwölf Monaten haben nach einigen Tagen verstanden und suchen sich andere Beschäftigungen, andere brauchen länger.

Es ist alles viel einfacher, wenn Sie sich selbst in Ihren unterschiedlichen Forderungen möglichst klar sind:
- absolute Forderungen, an denen Sie nicht rütteln lassen: Töpfe auf dem Herd nicht berühren, die Erde von Blumentöpfen nicht in den Mund geben, nicht aufs Fensterbrett klettern oder die Hand geben beim Überqueren der Straße;
- Forderungen, die eventuell modifizierbar sind oder wo Sie zumindest einen Spielraum lassen, bis das gewünschte Resultat erreicht worden ist: mit dem Löffel essen, die wertvollen Bücher der Erwachsenen nicht berühren, den Kühlschrank nicht öffnen, nicht auf einen bestimmten Sessel klettern, grüßen, sich die Hände vor dem Essen waschen.

Solche Forderungen oder Verbote variieren von Familie zu Familie. Man muß sie sich selbst und als Paar immer wieder vergegenwärtigen, da das Erforschen und die Aktivität der Kinder schnell zunehmen!

Wie wir es ihm sagen

Wahrscheinlich muß man sich darin üben, einfach und ruhig zu sprechen und das Kind dabei anzuschauen: „Ich will nicht, daß du auf den Sessel kletterst; auf dem Sofa ist ein Überzug, da kannst du klettern soviel du willst."

Sobald das Kleinkind mit neun, zehn Monaten auf allen Vieren unterwegs ist und sich zum ersten Mal diesem Sessel nähert, können Sie ihm jedes Mal sagen: „Nein, ...", es auf den Arm nehmen und woanders hintragen: „Ich habe nein gesagt, es ist nicht möglich, hier hinaufzuklettern."

Wie bei den Grünpflanzen werden Sie auch hier Ihre eigene Art finden, Ihrem Kind zu vermitteln, daß sich Ihre Haltung nicht geändert hat: *Es braucht Zeit, um zu verstehen*, daß ein einmal ausgesprochenes „Nein" immer Gültigkeit hat.

Oft schaut uns das Kind auch an, wenn es sich diesem Sessel nähert und deutet mit dem Kopf „nein". Man könnnte meinen: „Es will uns die Stirn bieten". Vielleicht. Aber meistens will es wissen: „Ist es immer noch nein?" Es sucht nach Bestätigung und will sich vergewissern. Vielleicht denken Sie, es will Sie provozieren. Anstatt sich zu ärgern, können Sie ihm mit derselben Ruhe und vielleicht ein bißchen Humor wiederholen: „Nein, nein. Du weißt sehr wohl, daß ich nein gesagt habe. Es wird immer nein bedeuten!"

● *Das Kind braucht Zeit, um diese Erfahrungen zu verinnerlichen*

Der 23 Monate alte Nicki ist im Freien und beugt sich zu einer kleinen Hacke: Er berührt sie mit den Fingerspitzen, während er sagt: „Nein, nein, nein". Er betrachtet sie, kreist um sie. Ich fange an, mich zu ärgern, da ich ihm mehrere Male gesagt habe, daß er sie nicht anfassen darf. Als ich ihn aber weiter beobachte, gewinne ich den Eindruck, daß er sich dieses Nein immer wieder vorsagt, so als ob er sich dieses Verbot bestätigen muß, sich selbst davon überzeugen muß. Vielleicht streiten sich in seinem Inneren die Lust, sie zu berühren und die Notwendigkeit, es nicht zu tun. Wir wissen nicht, was in seinem Inneren wirklich vorgeht. Ihm zu antworten: „Ja, du weißt, daß du sie nicht anfassen sollst, weil du dir damit weh tun kannst", kann ihm wahrscheinlich helfen:

– dieses Verbot zu verinnerlichen;
– sich zurückzuhalten.

Von den Worten und vom Ton, in dem wir Verbote in Erinnerung rufen, hängt es ab, ob das Kind es als Hilfe oder als aggressiven Verweis empfindet.

Wir sollten uns immer wieder daran erinnern, daß ein kleines Kind Zeit braucht, damit etwas neu Erworbenes wirklich zur Gewohnheit wird. Es reicht nicht aus, daß es zwei oder dreimal gelungen ist, um sicher sein zu können, daß das Kind sich jetzt für immer daran halten kann. Es vergißt auch sehr schnell. Selbst wenn Sie ihm etwas gerade fünf Minuten vorher gesagt haben, denkt es nicht mehr daran. (Beobachten Sie einmal, wie Sie auf den Lichtschalter drücken, obwohl Sie wissen, daß der Strom ausgefallen ist.)

Sie werden im Laufe seiner gesamten Entwicklung beobachten, wie notwendig es für Ihr Kind ist, Zeit zu haben, um neue Dinge verinnerlichen zu können: beim Gehenlernen, beim Lesenlernen, beim Schwimmen oder Fußballspielen! Wie z. B. die Zeit zwischen dem Augenblick, wo es sich zum ersten Mal allein aufsetzt und dem, wo es in dieser Position sicher spielt. Nach seinen ersten Schritten wird es nach und nach das Gehen lernen, aber wieviel Zeit wird vergehen zwischen den ersten Schritten und dem freien Gehen? Zwischen dem Zeitpunkt, wo es hin und wieder das Töpfchen benutzt und dem Tag, wo es ganz sauber ist? Es werden Wochen, sogar Monate vergehen. *Wobei diese Langsamkeit kein Zeichen von Widerstand ist.*

Ohne daß wir wissen warum, brauchen manche Kinder lange, um sich an bestimmte Sachen zu gewöhnen, andere wieder sind sehr schnell.

Einige Verbote sind schwer zu verstehen – und zu akzeptieren – für ein kleines Kind, das vielleicht entdeckt, daß beim Drücken auf den Knopf des Videorecorders ein schönes grünes Licht aufleuchtet: Ihm zu erklären: „Du bist noch zu klein dafür, du kannst es berühren, wenn du größer bist" kann einen zehn Monate alten Säugling kaum zufriedenstellen, auch wenn es notwendig ist. Auch hier könnte man sich überlegen, den Videorecorder außer Reichweite zu stellen, um die Verbote zu verringern.

Es gibt immer wieder Situationen, die sich für Kinder schwierig gestalten, wie jene, die sie an ihr Kleinsein erinnern: „Ich will nicht, daß du mit diesem Krug Wasser schüttest, daß du dieses Messer nimmst ...". Ihre Reaktion auf die Beschränkung ihrer Wünsche kann sehr unterschiedlich ausfallen. Wir sollten ihnen helfen, diese vorübergehende Benachteiligung zu akzeptieren. Manche Kinder werden wütend, wenn sie nicht so lange im Freien spielen können, wie sie möchten oder weil sie nicht auf diesen bestimmten Sessel klettern dürfen. Wenn wir schimpfen, weil sie dabei weinen oder zornig werden, wird die Aufgabe für sie noch schwieriger. Da wir sie dadurch von uns weisen, ist die Beziehung nicht mehr positiv. Sie leiden daher aus zwei Gründen: aus Benachteiligung *und* aufgrund unseres Unverständnisses oder der Uneinigkeit mit uns. Rufen Sie sich immer wieder in Erinnerung, daß eine grundsätzlich harmonische Beziehung zu Ihnen es Ihrem Kind ermöglicht, die Dinge, die Sie von ihm erwarten, auch zu erfüllen: Verzweifeln Sie vor allem nicht, und sorgen Sie sich nicht. Vertrauen Sie Ihrem Kind!

Zwischen acht und zehn oder fünfzehn Monaten kann es sehr anstrengend werden, was das Nein sagen betrifft! Und eines Tages stellen Sie mit Überraschung fest, daß Dinge, die so schwer zu erreichen schienen, kein Thema mehr sind.

Nicht nur Sie, auch Ihr Kind hat sich viel Mühe gegeben, um diese gesellschaftlichen Erwartungen zu erfüllen: Aber das Kind selbst kann dies nur seinem Rhythmus entsprechend tun. Je mehr es ihm zum Bedürfnis wird, dies zu schaffen, desto leichter wird es ihm ge-

lingen. Hier können Sie es mit ruhiger und freundlicher Bestimmtheit am besten begleiten und unterstützen: „Ich habe zu dir nein gesagt, und wenn ich nein gesagt habe, kannst du es nicht tun."

Ein kleines Kind hat kaum die Fähigkeit, vorauszudenken: Manchmal ist es sehr schwer zu akzeptieren, in seiner Beschäftigung unter-
brochen zu werden. Aus Erfahrung wissen wir, daß sein Kummer
nicht lange währen wird, wenn es auch an der nächsten Aktivität Gefallen findet. (Dies kann auch uns helfen, da wir nicht gern der
Grund für sein Weinen oder seinen Zorn sind.)

> *Erinnern wir uns an Anton (s. 1. Kap.), der im Garten spielte und
> sich hartnäckig sträubte, ins Haus zu kommen, um zu baden.
> Schließlich muß ihn seine Mutter in die Arme nehmen: Er schreit,
> schlägt um sich. Als er ins Badezimmer kommt, wo das Wasser
> einläuft, ist er nach fünf Minuten begeistert.*
> *Indem die Mutter zu ihm sagt: „Du hast wirklich noch große Lust,
> draußen zu spielen, aber jetzt ist es Zeit zu baden, und du wirst
> sehen, daß du in der Wanne viel Spaß haben wirst", oder „Oh je!
> Das ist wirklich schwer, aber du wirst sehen, es wird dir jetzt
> auch gut gefallen", ermöglicht sie ihm, vorauszuschauen, und sie
> hilft ihm durch diese Vorankündigung mehr, als wenn sie sagen
> würde: „Du bist wirklich unmöglich", was falsch ist und ihm ein
> schlechtes Bild von sich selbst vermittelt.*

● *Immer wiederkehrende Botschaften*

Wir wissen, wie wichtig es ist, nicht nachzugeben, wenn eine Entscheidung getroffen wurde, und darauf zu achten, daß unser Kind unsere Erwartungen oder Verbote auch tatsächlich einhält. Anhand all
dieser kleinen Ereignisse wird es erfahren: „Mama hat nein gesagt
oder Papa hat nein gesagt, und daher kann ich das nicht tun".

Verständnis und Bestimmtheit

Es ist kaum möglich, jederzeit konsequent auf das Erfüllen unserer
Erwartungen oder Forderungen zu warten (Unsicherheit unserer-
seits, Müdigkeit, Erschöpfung, Schwäche und vieles mehr). Je öfter es
Ihnen aber trotzdem gelingt, desto seltener wird Ihr Kind versuchen,
Sie zu manipulieren, da es aus Erfahrung weiß, daß das nichts bringt.

Verständnis und Bestimmtheit schließen sich nicht aus: Wenn ein Kind kein Eis essen darf wie alle anderen, weil es Durchfall hatte, ist es wichtig, daß sich die Eltern daran halten und nicht nachgeben. Aber seinen Tränen kann Verständnis entgegengebracht werden. Die Wirkung wird eine völlig andere für das Kind sein, wenn Sie Verständnis für seine Enttäuschung zeigen, als wenn Sie ihm voll Zorn vermitteln, wie unmöglich es sich gebärdet.

Außerdem wäre es ein Fehler, wenn Eltern Ihre Entscheidung revidieren, da es dann erlebt, daß sein Zorn stärker ist als die Erwachsenen: Die Folge wäre, daß es in dem Bewußtsein, das es gerade von sich selbst gewinnt, einen Widerspruch erlebt: Es ist zwar ein *kleines* Kind, aber gleichzeitig stärker als seine Eltern. Da dies für ein Kind nicht verständlich ist, kann es das auch nicht in positiver Weise integrieren. Daher kann es nur beunruhigende, ja sogar beängstigende Auswirkungen haben und neuen Widerstand oder Unwohlsein nach sich ziehen.

Ähnliches werden wir erleben, wenn es später darum geht, Konsequenzen für nicht eingehaltene Gebote oder Verbote anzukündigen. Versuchen wir, sie in einen logischen Zusammenhang mit dem Übertreten der Gebote zu stellen, und achten wir auf deren Erfüllung. Unser Kind weiß dadurch, woran es ist, was ihm eine große Hilfe sein wird!

Wenn es Ihnen gelingt, Ihre Forderungen so oft wie möglich einzuhalten und Sie dabei ruhig, vielleicht sogar lächelnd, aber bestimmt auftreten, dann wird Ihr Kind diese Gebote oder Verbote ziemlich schnell befolgen lernen. Findet es in seiner Umgebung genug interessante Beschäftigungen, dann wird es sich kaum mehr um die verbotenen kümmern, und es wird bald leichter für Sie werden. Seien Sie bestimmt und vertrauensvoll zugleich. Achten Sie aber umso mehr darauf, daß Ihr Kind ausreichend Beschäftigungsmöglichkeiten vorfindet. Wenn es sich langweilt, wird es sich wieder den verbotenen Dingen zuwenden.

Verbote müssen eingehalten werden – aber auch Versprechungen!

Ihr Kind möchte, daß Sie mit ihm spielen, aber Sie müssen zuerst das Abendessen zubereiten: „Ich gehe jetzt in die Küche, aber ich verspreche dir, daß ich gleich, nachdem ich den Tisch gedeckt habe (etwas, das sich das Kind gut vorstellen kann) mit dir spielen werde."

Wenn Sie diese Ankündigungen so oft wie möglich einhalten und sie vielleicht noch wiederholen: „Schau, ich bin wieder da, ich habe dir gesagt, daß ich wiederkomme, sobald ich fertig bin", hat Ihr Kind die Möglichkeit, Ihr Weggehen nach und nach akzeptieren zu lernen. Es erfährt, daß Sie Ihre Versprechungen auch halten. Vielleicht kann es sich dadurch auch vorstellen, was Sie gerade tun, vorausdenken und warten, mit der Sicherheit, daß Sie zurückkommen werden. Dies erweckt fast den Eindruck, als ob Sie in seiner Nähe sind, und es fühlt sich nicht allein. Spüren Sie, was hier vorgeht, welche Möglichkeiten es bekommt, Sie sich geistig zu vergegenwärtigen?

Es kann auch vorkommen, daß Sie aus irgendeinem bestimmten Grund Ihre Meinung ändern. Dies müssen Sie ihm dann erklären: „Ich habe gesehen, daß du dir einen Kuchen aus dem Schrank genommen hast. Normalerweise ist das nicht erlaubt, aber heute ist es schon spät, das Mittagessen ist nicht fertig, und du hast Hunger, darum bin ich einverstanden", oder: „Ich habe dir verboten, diese Fotos anzuschauen, aber jetzt bist du schon größer und paßt gut auf, also erlaube ich es dir", „Normalerweise möchte ich, daß du gleich nach dem Mittagessen schlafen gehst: Heute ist dein Patenonkel da, den du gerne siehst, also kannst du bei ihm bleiben."
Wenn Sie eine zweideutige Situation entstehen lassen, beobachtet Sie Ihr Kind, beunruhigt, da es das Gefühl hat, etwas nicht Erlaubtes zu tun. Es ist verunsichert, und in solchen Momenten fühlen sich Kinder oft nicht wohl und neigen dazu, einen Unsinn nach dem anderen anzustellen.

Sollten andere Erwachsene dazukommen, ist es sinnvoll, sie darüber zu informieren, was erlaubt ist und was nicht.

Die Eltern des zweieinhalbjährigen Julian ziehen gerade um. Sie haben dem kleinen Jungen erlaubt, die Fahrerkabine des Lastwagens hinauf- und wieder herunterzuklettern. Die Großmutter kommt dazu, ist zuerst erstaunt, dann beunruhigt und verbietet dem Kind das Hinaufklettern. Julian ist sichtlich überrascht. Die Mutter erklärt der Großmutter: „Mutter, zu Recht oder Unrecht, wir haben es ihm erlaubt." So war es für alle klar, auch wenn diese Entscheidung nicht wirklich begründet werden konnte.

Zwischen zwei oder drei Jahren antworten fast alle Kinder mit „Nein", wenn man sie beispielsweise bittet: „Komm Hände waschen, zieh deinen Mantel aus, du könntest mit diesem Zug spielen u. a.", aber einige Minuten später tun sie es. Kinder müssen die Möglichkeit haben, eine Entscheidung eigenständig treffen zu können und nicht aus bloßem Gehorsam. Wenn wir uns Zeit lassen, sie zu beobachten und sie nicht sofort zur „Ordnung rufen", gewinnen wir Zeit.

Manchmal schauen wir unser Kind auf eine besondere Art an, wenn wir etwas von ihm erwarten, so daß es sich nicht wirklich angesprochen fühlt: Ein zu intensiver Blick kann auf ein kleines Kind beängstigend wirken.

Kinder sind verschieden. Manche akzeptieren sehr schnell, andere haben große Schwierigkeiten damit, sich einfügen zu müssen.

Vermeiden Sie das Verhältnis: herrschen und beherrscht werden

Was will ich erreichen? Daß sich mein Kind mir unterwirft oder daß es einfach das tut, was ich von ihm erwarte? Gibt es einen Grund, mich zu ärgern, wenn es meine Bitte zwei Minuten später, von sich aus und ohne von mir beobachtet zu werden, erfüllt? Wichtig ist, daß es meiner Forderung nachkommt und ich konsequent bleibe.

Hier geht es um eine innere Haltung. Wenn Ihre Beziehungen Machtstrukturen aufweisen, werden Sie das oben erwähnte Verhalten schwer annehmen können, da Sie ständig befürchten, daß Ihr Kind diese Freiheit mißbrauchen und bald über Sie herrschen wird. Das kann für Sie schwer zu ertragen sein, ist aber nur wieder eine Gelegenheit, uns besser kennenzulernen!

Wenn Sie im umgekehrten Fall Beziehungen als Zusammenarbeit erleben, auch wenn sie nicht wirklich gleichwertig sind, dann wird es Ihnen ein Anliegen sein, daß Ihr Kind versteht, was Sie von ihm erwarten und dies auch tut. Ihre Zufriedenheit über die Art, wie es sich seine Aufgaben aneignet und von sich aus handelt, läßt Sie beinahe vergessen, daß Sie es ja waren, die dies von ihm gefordert hat. Sie helfen einander gegenseitig zu wachsen, keiner bestimmt über den anderen.

● *Stellen Sie nicht zu bald Forderungen*

Warten Sie, bis Ihr Kind fähig ist, das zu erfüllen, was Sie von ihm wollen. Zwei Aspekte sollten hierbei berücksichtigt werden:

– der elterliche Stolz, ein Kind zu haben, das frühreif ist in seiner Akzeptanz Regeln gegenüber: *„Meiner folgt"* und die Enttäuschung eines anderen Elternteils, dem das Kind die Stirn bietet;

– folgender Gedanke: *„Man muß sehr bald anfangen, sonst lernen sie es nie."*

Die Eile mit dem Reifwerden

Sie möchten zurecht, daß Ihr Kind, wenn es älter wird, höflich ist, gute Tischmanieren hat, mit anderen teilen kann und vieles mehr. Schauen Sie trotzdem einmal die größeren Kinder im Umkreis an und reden Sie mit deren Eltern: Die Dinge, die Kinder wirklich verinnerlicht haben, sind nicht die, die man möglichst früh von ihnen erwartet hat.

Warum sollten wir schon zu einem Zeitpunkt Erwartungen an unser Kind stellen, wo es einfach noch nicht in der Lage ist, diese zu erfüllen? Warum wollen wir, daß es mit dem Löffel ißt, wo es diesen noch nicht einmal ordentlich halten kann? Und warum ärgern wir uns, weil es mit 20 Monaten das Püree auf die Serviette fallen läßt? Darüber haben wir schon beim Thema Essen gesprochen.

Wenn Sie glauben, daß Ihr Kind schon dazu fähig ist, probieren Sie es aus, aber sollte das Ergebnis noch unbefriedigend sein, beharren Sie nicht. Machen Sie einige Wochen später einen erneuten Versuch, und es wird ganz anders sein.

Lassen Sie sich nicht beeinflussen von Ratschlägen wie *„Wenn du nicht darauf beharrst, wird er es nie machen"* oder *„Er wird es nie lernen, sich anzustrengen"*. Denken Sie daran, daß ein ausgeglichenes und zufriedenes Kind sich ununterbrochen bemüht, vielleicht nicht immer um das, was Sie von ihm wünschen, aber um vieles andere.

Wenn Sie glauben, daß sich Ihr Kind tatsächlich nicht bemüht, kann das entweder mit seinem eigenen Rhythmus zusammenhängen, mit einer gesundheitlichen Störung oder einer Unstim-

migkeit in ihrer beider Beziehung. Untersuchen Sie diese Möglichkeiten, und Sie werden sehen, daß seine Dynamik zurückkehrt. Wir werden noch Gelegenheit haben, ausführlicher darüber zu sprechen.

Lassen Sie sich auch nicht beirren von anderen Kindern und deren Leistungen oder den Erzählungen Ihrer Eltern. Dieses elterliche Streben, daß das eigene Kind möglichst schnell möglichst viel kann, vermittelt dem Kind das Gefühl, nicht gut genug zu sein in den Augen seiner Eltern.

Besonders wichtig scheint es mir, darauf in Zusammenhang mit der sog. „Sauberkeitserziehung" hinzuweisen. Warum besteht hier eine solche Eile? Wir kommen darauf noch zurück.

Denken Sie einmal über folgendes nach: In der Krippe bereitet man Sie für den Kindergarten vor, im Kindergarten für die Schule. Wann können Kinder wirklich sich selbst spüren und leben?

Haben manche Eltern Angst vor diesem Wohlbefinden und dieser Zufriedenheit, so als ob ein allzu zufriedenes Kind schlechten Gebrauch davon machen würde? *„Wenn man es nicht antreibt, wird es faul"*: Ist das die Folge unserer heutigen Gesellschaft? Oder handelt es sich um die Kindheit der Eltern und deren eigenes Innenleben, das hier zum Vorschein kommt? Eltern, die sehr streng erzogen wurden, haben oft das Gefühl, keine Kontrolle über sich zu haben, da sie immer den Forderungen ihrer Eltern entsprechen mußten. Würden sie daher viele unerlaubte Dinge machen und dabei die Kontrolle verlieren, gäbe das eine Art Explosion. Ohne sich dessen bewußt zu werden, glauben sie, daß es bei ihren Kindern genauso ist: *„Daher muß man die Zügel straff halten."*

Den Rhythmus des Kindes respektieren

Aus Erfahrung wissen wir außerdem, daß ein Kind, das nicht unter Druck aufgewachsen ist, dieses Gefühl kaum kennt. Seine Bedürfnisse entsprechen vielmehr der Entfaltung seiner Fähigkeiten, und es fühlt sich in sich selbst wohl. Es erlebt vielleicht mehr Freude: aus Egoismus? Solange es klein ist ja, aber sobald es ein Bewußtsein für seine Umgebung erlangt, entwickelt es auch Großzügigkeit, *von in-*

nen heraus, oft viel authentischer als bei denen, die sie von Anfang an praktizieren mußten.

Wenn Sie Ihrem Kind schon sehr bald den Löffel geben, wird es damit spielen, ihn vielleicht zu Boden werfen, damit auf den Tisch klopfen und vieles mehr. Es wird ihn sowohl zum Spielen und Lärmen als auch zum Essen verwenden. Dabei kann es leicht vorkommen, daß es damit im Essen herumspielt. Sie werden sich wahrscheinlich ärgern, schimpfen, es wird Geschrei geben, und sie werden müde und genervt. Warten Sie doch einige Tage oder Wochen damit ...

Ihr Kind wird motorisch viele Fortschritte machen, wenn es mit seinen Spielsachen spielt und hantiert. Wenn Sie ihm dann den Löffel wieder anbieten, wird es ihm sicher leichter fallen, ihn zu benützen, und Sie haben einige unangenehme Konfliktsituationen vermeiden können. (Schauen Sie, was wir zum Thema „Essen lernen" im ersten Band geschrieben haben.) Außerdem hat Ihr Kind nun verstehen können, was Sie von ihm erwarten, da es jetzt auch in der Lage ist, dies zu erfüllen. Natürlich wird es noch einige Tage üben!

Welche Haltung können wir „Mißerfolgen" gegenüber einnehmen?

Werden Sie sich auch folgender Verhaltensweise bewußt: Wie oft schimpfen wir ein Kind, obwohl es noch nicht verstehen konnte oder noch gar nicht in der Lage war, unsere Anforderungen zu erfüllen.

Die zweijährige Maria hat plötzlich ein Glas mit Saft vom Tisch genommen. Dabei ist die Hälfte des Inhalts übergeschwappt.

Spontan würden wir schimpfen. Es wäre jedoch viel sinnvoller, ihr zu zeigen, wie behutsam man das Glas anfassen kann, um nicht alles auszuschütten. Das heißt jetzt nicht, daß sie es beim nächsten Mal schon genau so machen kann, aber sie hat Möglichkeiten, es zu probieren und sich dieses Beispiel immer wieder in Erinnerung zu rufen. Es kommt auch oft vor, daß das Kind dieselbe ungeschickte Bewegung sofort wiederholt. Und man möchte schreien: „Ich hab dir doch gesagt, du sollst das lassen!" Wollte es sich widersetzen? Vielleicht. Viele Kinder sind so fasziniert von dieser neuen Erfahrung, daß sie es unbedingt noch einmal ausprobieren wollen, um zu verstehen, wie etwas tatsächlich funktioniert, nicht aus Ungehorsam.

Wir sind oft sogar sehr gewaltsam und mitunter ungerecht Kindern gegenüber, vor allem, wenn wir Angst haben.

Die dreijährige Laura greift gerade in die Asche des seit einigen Stunden gelöschten Feuers und wird heftigst von ihrem zornigen Vater geschimpft, aus Angst, es könnten noch Glutreste in der Asche sein.

Der Zorn entspricht mehr den Selbstvorwürfen der Eltern als dem sog. Unverständnis des kleinen Mädchens. Wie hätte sie eine Gefahr vermuten können, wo sie doch nicht einmal eine Flamme sah? Wir sollten diese Gelegenheit eher dazu nützen, sie über mögliche Gefahren aufzuklären und ihr beim nächsten Mal solche versteckt glühenden Holzstücke zeigen. Sprechen wir mit Laura, da sie danach drängt, zu verstehen.

Oft genug schimpfen wir auch mit unserem Kind, weil es unserer Meinung nach Unsinn stiftet, wo es selbst keine Ahnung haben konnte über die negativen Konsequenzen seines Tuns.

Wir sollten uns zuerst fragen, ob es nicht eigentlich das erste Mal ist, daß ihm dieses oder jenes Mißgeschick widerfährt: Es läßt ein Glas fallen und dieses zerspringt. Bis zu diesem Zeitpunkt hat es aber nur Plastikgegenstände in seinen Händen gehabt. Versuchen wir, anstatt zu schimpfen, ihm die Gründe dafür zu erklären und mögliche Folgen. Nur dadurch kann das Kind lernen und wachsen.

All diese eigentlich völlig einleuchtenden Vorschläge können nicht immer so selbstverständlich in die Praxis umgesetzt werden, wie es den Anschein hat. Es soll keinem Modell entsprochen werden. Vielmehr geht es darum, einen Anhaltspunkt zu haben, an dem man sich orientieren kann, vor allem in schwierigen Situationen: Nehmen Sie sich einen Augenblick Zeit, um innezuhalten, vielleicht mit einem Stift in der Hand, allein, zu zweit oder mit jemand Fachkundigem. Insgesamt können diese Ratschläge dann dazu verhelfen, schneller und effektiver zu einer Lösung zu kommen.

Normalerweise hat ein gesundes kleines Kind keinen Grund, etwas zerstören zu wollen. Sollte es dies dennoch tun, geschah dies meist nicht mit Absicht. Bleibt sein Selbstwertgefühl bestehen und seine Beziehung zu uns positiv, so wird ihm dasselbe kaum noch einmal passieren. Außerdem ist so ein Mißgeschick dem Kind oft selbst sehr unangenehm, und geschimpft zu werden ist das, was es dann sicher am wenigsten braucht.

Versuchen wir, so weit es geht, gelassen zu bleiben.

Wenn Sie Ihrem Kind und seiner inneren Dynamik vertrauen, kann es sein Leben leben. Dadurch werden Sie es auch in Ruhe lassen können und es nicht ständig zum Schneller- oder Bessermachen antreiben: „Nein, nicht so, schau, ich zeig es dir", „Weiter, noch einmal!" „Und da, schau, nimm das".

So würden Sie Ihr Kind sicher mehr durcheinanderbringen als daß Sie ihm helfen. Mit der Möglichkeit zur Eigenaktivität hat es viel weniger Gründe, sich zu widersetzen, um seine Autonomie spüren zu können.

Von Zeit zu Zeit wird es auch notwendig sein, sich mit Ihrer Umgebung auseinanderzusetzen, damit diese Ihr Kind respektieren lernt und es nicht als Spielzeug betrachtet.

Alexander ist dabei, in seinem Hochstuhl zu essen, umgeben von seinen Eltern und drei ihrer Freunde. Jeder möchte mit ihm sprechen, ihn zum Lachen bringen, bis sie mit ihm schimpfen, weil er in das Wasser bläst, das er gerade trinkt. Er ißt ordentlich einige Löffel. Jemand macht ihm ein Kompliment. Sofort fängt er wieder zu gestikulieren an, verneint die Hilfe beim Joghurt essen und stößt Schreie aus, die jeder sehr lustig findet. Man hört ihm zu. Da wirft er seinen Löffel auf den Boden, um sein Publikum bei Laune zu halten. Aber er wird wieder geschimpft und vom Tisch geführt.

Eine häufig anzutreffende Situation, die sicher zu vermeiden wäre!

Je mehr man ein Kind selbständig handeln und leben läßt – natürlich, wie schon erwähnt, in sicherer und liebevoller Umgebung –, desto mehr Möglichkeiten hat es, seine Dynamik und sein Bedürfnis zu wachsen entfalten zu können. Dadurch kann man seine wachsenden Fähigkeiten besser beobachten und deren Entwicklung begleiten.

● ***Das Vertrautmachen mit Gefahren und physischen Gesetzen***

Um ein Kind auf Gefahren aufmerksam zu machen und ihm zu ermöglichen, vorsichtig damit umgehen zu lernen, reicht es nicht aus, ihm z. B. zu verbieten, den Topf auf dem Herd zu berühren und gleich jedes Mal zu schimpfen, sobald es sich ihm nähert. Sobald es anfängt, mobil zu werden, können Sie ihm helfen, selbst die unangenehme Erfahrung zu machen, die es beispielsweise mit sich bringt, wenn man einen heißen Topf berührt. In der Folge wird es sich davor hüten und vorsichtiger sein, als wenn Sie ihm schon verbieten, bloß in dessen Nähe zu kommen. Darüber hinaus können Sie die vielen kleinen Erlebnisse heranziehen, die sich so anbieten.

Die Mutter der 17 Monate alten Anna teilt Püree aus einem heißen Topf aus. Als das Kind schauen will, was im Topf ist, legt es seine Finger auf dessen Rand. Es zieht ihn sofort wieder zurück und weint. Die Verbrennung ist nicht schlimm, aber Anna hat Schmerzen, und die Mutter nützt die Gelegenheit, um ihr zu erklären: „Du siehst, was es heißt, sich zu verbrennen, das kann sehr weh tun.“ Sie zeigt ihr noch andere Gegenstände, die ähnlich heiß werden können.
In den darauffolgenden Tagen kommt Anna in die Küche, zeigt mit dem Finger auf den Herd und sagt. „Das ist heiß, das brennt, das tut weh.“
Man muß es ihr nicht verbieten, die Töpfe zu berühren, sie hat selbst die Erfahrung gemacht, daß es schmerzhaft war und hat keine Lust, sich weh zu tun: Sie geht von selbst wieder weg.

Trotzdem müssen wir die notwendigen Vorsichtsmaßnahmen treffen, da es sein kann, daß Kinder, ins Spiel vertieft, sehr leicht solche Erfahrungen vergessen. Sie können noch nicht wirklich vorsichtig sein. Es ist unsere Aufgabe, sie zu schützen. Dennoch lernen sie aufgrund ihrer eigenen Erfahrungen verstehen.

Wenn Sie in der Nähe eines Brombeerstrauches Ihr Picknick halten, können Sie Ihrem 20 Monate alten Kind verbieten, sich diesem zu nähern und es bei jedem Versuch zurückhalten. Sie können ihm aber auch zeigen, wie die Dornen stechen, es ihn ganz sanft spüren lassen. Mit Sicherheit wird Ihre Mahlzeit im zweiten Fall ruhiger verlaufen: Ihr Kind wird keine Lust mehr haben, sich wehzutun, wohingegen es im ersten Fall Spaß daran haben wird, Sie so oft wie möglich einschreiten zu lassen. Und wenn es trotzdem hingeht? Warum wollen Sie es davon abhalten, sich ein bißchen zu stechen? Das wäre weiter nicht schlimm, und es hätte etwas Wichtiges gelernt.

Versuchen Sie nicht dauernd, solche Situationen zu vermeiden: Gerade weil sie etwas unangenehm und nicht gefährlich sind, können sie sehr lehrreich für Ihr Kind sein. Es lernt die Konsequenzen seiner Handlungen kennen und fängt an, seine Verantwortung auszutesten, in Ihrer sicheren Nähe.

Warum damit warten, bis es sich später auf ein Motorrad setzt und sich und andere viel mehr gefährdet?

So dienen die kleinen schmerzhaften Erfahrungen dazu, das Kind mit Empfindungen, die es noch nicht kennt, vertraut werden zu lassen: „sehr heiß, es sticht, es schneidet, man kann sich das Bein brechen". Davon hat es noch nicht die geringste Vorstellung. Wenn es vom Stuhl gefallen ist und sich offensichtlich ziemlich weh getan hat, können Sie ihm im Anschluß daran zeigen, daß die Leiter noch viel höher ist – oder die Mauer, die Treppe – und ihm erklären, daß es sich noch viel mehr weh tun würde, wenn es dort hinunterfallen würde. Deswegen bitten Sie Ihr Kind, z. B. nicht auf diese kleine Mauer hinaufzuklettern, da es auf der anderen Seite ins Leere fallen könnte. „Das habe ich dir schon erklärt, du weißt, warum ich nicht wollte, daß du damit spielst" oder auch „Ich habe es dir nicht erklärt, du konntest das nicht wissen, jetzt wirst du dich daran erinnern und achtgeben". Wenn Sie sehen, daß Ihr Kind sich wieder diesem Gegenstand nähert, können Sie ihm sein schmerzhaftes Erlebnis in Erinnerung rufen, ohne zu schimpfen oder zu verbieten – einfach als Erinnerung: „Du weißt, daß du dir mit diesem Hammer sehr weh tun kannst." Oft erinnert sich das Kind selbst: „Weh getan, Nani geweint."

Wenn Sie ihm nichts erklären, wird es auch nicht verstehen können. Außerdem fühlt es sich zurückgesetzt und gewinnt den Eindruck, daß Sie ihm böse sind. Es fühlt sich im Stich gelassen und stürzt sich infolgedessen auf andere verbotene Dinge. Dann heißt es: „*Es nimmt nichts ernst und will nicht hören*", dabei ist genau das Gegenteil der Fall.

Wenn Sie ihm jedoch immer wieder mit wenigen einfachen Worten Erklärungen geben, kann Ihr Kind diese integrieren und sie sich zu eigen machen. Man sagt, es verinnerlicht sie: Sie werden zu einer inneren Überzeugung.

Geben Sie keine Fantasieerklärungen, um Ihr Kind mit der Wirklichkeit zu versöhnen wie z. B.: „*Böser Tisch*", weil sich das Kind angestoßen hat, so als ob er Schuld hätte, während in Wirklichkeit das

Kind nicht achtgegeben hat, die Entfernung nicht richtig eingeschätzt hat oder seine Bewegung nicht kontrollieren konnte.

Wenn sich ein Kind weh getan hat und es sich in unserem Schutz ausweinen konnte, sollten wir lieber gemeinsam mit ihm versuchen, zu schauen, was tatsächlich passiert ist: Es ist sehr schnell beim Tisch vorbei gelaufen und hat sich das Ohr an der Ecke angestoßen. Das tut sehr weh. Man kann dabei die Kante berühren, das Holz. Meist interessiert sich das Kind für diese Erklärung. Es fühlt sich in seinem Schmerz angenommen.

Da Ihr Kind klug ist, will es die Dinge kennenlernen, mit ihnen experimentieren. „Nur das wirkliche Leben kann wirklich erziehen", sagt Anna Tardos.

Es ist wichtig für uns – und beruhigend für alle – zu erfahren, daß alles einen Sinn hat (daß man aus jeder schmerzhaften Erfahrung, aus jedem Unsinn, eine Lehre ziehen kann).

● *Verbote in bezug auf Menschen*

Bis jetzt haben wir über Verbote in bezug auf Gegenstände gesprochen, es gibt aber auch Verbote in bezug auf Menschen: „Man darf jemand anderem nichts antun, das ihm lästig ist oder Schmerzen bereitet."

Es ist einem meist sehr unangenehm, wenn man erlebt, wie das eigene zehn Monate alte Kind seinem kleinen Kameraden Sand in die Augen streut oder ihn mit einem Stock haut.

Die kleinen Kinder haben anfänglich kein Verständnis dafür, daß sie dabei jemand anderem weh tun und daß das unangenehm ist. Der andere weint, aber sie verstehen noch nicht, daß sie die Ursache dafür sind.

In der Folge wird ihnen diese Macht bewußt und sie gewinnen Interesse daran. Wird der andere weiter weinen, wenn sie noch einmal anfangen? Und wenn sie woanders hinhauen, hat das denselben Effekt? Das Feststellen dieser Macht kann ihnen viel Spaß bereiten, gleichzeitig aber auch großen Ärger gegenüber den Erwachsenen hervorrufen, die sie von so etwas Faszinierendem abhalten.

Warum soll man aufhören, wenn der andere weint? Kann dies wirklich ein ausreichender Grund für unternehmungslustige und energiegeladene Kinder von zehn bis zwölf Monaten sein?

Wir haben keine Möglichkeit, festzustellen, was tatsächlich in den Köpfen dieser Kinder vorgeht, aber wir können uns vorstellen, was es für sie heißt, ein faszinierendes und schwieriges Experiment unterbrechen zu müssen. Der Erwachsene sollte daher mit einer klaren Botschaft dazwischentreten: „Man hat nicht das Recht, jemandem weh zu tun", es ist verboten (so wie die Knöpfe beim Herd oder beim Videorecorder).

Wie können wir einem ganz Kleinen helfen, sich des von ihm erzeugten Schmerzes bewußt zu werden? Es ist nicht immer einfach. Sein eigenes Verhalten widerzuspiegeln und Gewalt gegen ihn zu richten, vor allem wenn wir verärgert sind, ist sicher nicht die beste Reaktion. Der Erwachsene bestraft sein Kind und tut dabei genau das, was er eigentlich verbietet. Wenn man um die starke Identifizierung des Kindes mit den Erwachsenen weiß, darf man sich über mögliche Folgewirkungen nicht wundern.

Wir können unserem Kind ruhig und ohne Zorn zeigen, wie seine Handlung wirkt. „Schau, ich zeige dir, wie es einem geht, wenn du so etwas machst." Andere werden Ihnen raten, daß es besser ist, daß sich das Kind selber zwickt oder beißt, um nachvollziehen zu können … Jeder findet seinen Weg, glaube ich.

Kinder brauchen, wie bei allen anderen Lernvorgängen auch, zuallererst verständliche Informationen und Zeit, um ihr Verhalten danach richten zu können.

Für manche reichen diese Informationen noch nicht aus, um ihr Verhalten zu kontrollieren. Sie brauchen die Unterstützung und Geduld der Erwachsenen.

Rechnen wir auf jeden Fall auch mit der Reaktion des betroffenen anderen Kindes, da sie nützliche Informationen vermitteln kann. Kinder regeln viel untereinander. Schreiben wir uns nicht zuviel Macht zu! Und versuchen wir, in der Beziehung zu unserem Kind das zu leben, was wir von ihm und seinem Verhalten erwarten, da sein Bedürfnis zu wachsen es antreibt, uns jederzeit zum Vorbild zu nehmen.

Schwierige Situationen

Trotz all unserer Aufmerksamkeit erleben wir immer wieder schwierige Situationen mit unserem Kind, ohne daß wir wirklich verstehen warum, geschweige denn wissen, wie wir uns verhalten sollen. Jeder kennt dieses kindliche Bedürfnis, Widerstand zu leisten, bestimmen zu wollen, unsere Grenzen und festgelegten Bahnen auszutesten.

Es gibt viele unterschiedliche Gründe für das kindliche Verhalten. Hier nun ein paar Beispiele.

● **Botschaften, die wir nicht verstehen**

Der 18 Monate alte Julian zeigt beim Frühstückstisch mit dem Finger auf die Marmelade, den Kaffee, den Zucker und stößt jedes Mal kleine Schreie aus, wenn er zu hören bekommt: „Nein, das bekommst du nicht, du hast schon genug davon, das ist nicht für dich …"
Seine Mutter denkt: „Er ist wirklich anstrengend, nie ist er zufrieden!" Julian jammert weiter. Als er am darauffolgenden Morgen wieder auf die Marmelade zeigt, sagt seine Mutter ärgerlich: „Das ist die Marmelade. Oma hat sie gemacht."
Julian gibt ein zufriedenes „Ah!" von sich und zeigt dann auf die Kanne daneben: „Das ist der Kaffee für Papa und Mama."
Noch einmal hört man dieses zufriedene „Ah!"
Julian wollte weder etwas davon haben, noch die Dinge berühren, sondern deren Namen erfahren und angesprochen werden.
Diese Deutung wurde noch bestätigt durch ein anderes Erlebnis, das sich fast zum selben Zeitpunkt ereignet hat:

Paul umkreist etwas brummig die Einkäufe seiner Mutter und versucht dabei, alles herauszunehmen. Sie fängt an, ihm das Gemüse mit Namen zu bezeichnen, zeigt ihm die äußere Hülle, Stellen, die stechen. Er ist sehr interessiert, aktiv dabei, zeigt mit dem Finger auf andere Früchte und Schachteln. Er wird sehr ruhig und ist überhaupt nicht lästig.

Berühren wollen heißt meist kennenlernen wollen.

Es besteht immer eine Verbindung zur Intelligenzentwicklung. Kinder haben ein unglaubliches Bedürfnis, Dinge zu berühren, anzuschauen, zu hören und wollen im Grunde dabei verstehen, kennenlernen. Bevor wir daher etwas verweigern, zeigen wir ihnen den Gegenstand lieber aus der Nähe, lassen sie diesen vielleicht in die Hand nehmen, ihn erkunden, wobei wir ihn weiter festhalten, falls er zerbrechlich oder gefährlich ist. Vielleicht läßt er sich auch zum Mund führen unter unserer Aufsicht oder probieren, wenn es etwas Eßbares ist.

Sie werden sehen, daß viele Dinge anschließend an Interesse verlieren. Wenn das Kind sie kennengelernt hat, hat es für den Moment genug gesehen und wird sich anderem zuwenden.

Solange wir den Wunsch des Kindes noch nicht verstanden haben, wird es sich weiter unangenehm bemerkbar machen!

Es wird sicher Dinge geben, die es unbedingt haben will, aber nicht bekommen kann, da es mit ihnen noch nicht entsprechend umgehen kann.

Es wäre besser, solche Gegenstände vielleicht eine Zeitlang aus seinem Blickfeld zu entfernen, bis es sie handhaben kann.

Françoise Dolto sagte eines Tages zu mir: „Man müßte in jeder Familie einen Tag einführen, wo man alles berühren darf. Einen Tag, wo man Bilder von der Wand nimmt und die Schnüre betrachtet und das, was dahinter steckt. Einen Tag, wo man die Pendeluhren an der Wand berühren kann, zerbrechliche Gegenstände, Nippes und vieles mehr. Man zeigt diese Dinge dem Kind und erklärt sie ihm. Viele Gegenstände, die auf diese Weise kennengelernt werden, erwecken anschließend kein solches Interesse mehr." Ich weiß nicht, ob sich dadurch die Intelligenz des Kindes entwickelt, aber so hat es die Möglichkeit, sie einzusetzen. Es wird nicht in dem Glauben gelassen, daß es mysteriöse Dinge gibt, unerreichbar und verboten, von denen niemand spricht und deren Namen man nicht kennt.

Es macht die Erfahrung, daß seine Intelligenz und Neugier immer ihren Platz haben. Es wird auch den Unterschied wahrnehmen zwischen:
– kennenlernen mittels Verstand und Sprache;
– berühren, handhaben, was nicht immer möglich ist.

Diese intellektuelle Aktivität, das Bedürfnis, zu verstehen und etwas kennenzulernen, verträgt keine Verbote. Kinder, die in dieser Hinsicht nicht zufriedengestellt werden, neigen dazu, entweder ihren Verstand verkümmern zu lassen oder ständig zu fordern, was zu Unrecht als „es ist anspruchsvoll, es will alles" interpretiert wird und fälschlicherweise seinem Charakter zugeschrieben wird.

● *Langeweile*

Es kommt auch häufig vor, daß ein Kind fordert, klammert oder mürrisch ist, weil es sich langweilt. Es hatte nicht die Möglichkeit, ganz alleine eine Beschäftigung zu finden, die seinen Bedürfnissen entspricht.

Der 17 Monate alte Peter ist lästig und faßt alles an. Sein Verhalten ändert sich sofort, als seine Mutter ihm vorschlägt, mit seinem Hocker zum Waschbecken zu kommen und den Salat auszuwaschen. Begeistert ist er am Tun und entdeckt dann einen Dosenöffner, den er zu erforschen beginnt. Völlig beansprucht von dieser Tätigkeit, wird er immer ruhiger.

Zwei Kinder haben Streit: Der Große schlägt den Kleinen. Offensichtlich langweilt sich der Größere. Der anwesende Erwachsene improvisiert eine Konstruktion aus Brettern und Kisten, auf denen sie herumklettern können. Die Bewegung ist etwas kompliziert für den Größeren, der sich sofort darin vertieft und vom Kleinen abläßt, welcher gleichzeitig den Kameraden nachzuahmen versucht.

Oft wird ein Kind schwierig, weil es keine ausreichenden Möglichkeiten findet, seine Fähigkeiten einzusetzen und auszuprobieren.

In der Krippe machen sich die Betreuerinnen der Kinder im Alter von zehn bis fünfzehn Monaten Sorgen um Oliver. Er interessiert sich nicht für die Spielsachen in den Regalen und klammert sich ununterbrochen an die Betreuerin, die nicht weiß, was sie für ihn tun soll.
An einem Wochenende baut die Leiterin ein Möbelstück zum Klettern auf, mit Leiter und kleiner Rutsche. Am folgenden Mittwoch ist Oliver nicht wiederzuerkennen: Er ist ständig am Klettern, Rutschen, Sich rollen lassen mit lebendigen und blitzenden Augen. Offensichtlich brauchte er Möglichkeiten, sich zu bewegen, um aktiv zu werden.

Dasselbe kann man auch in der Familie feststellen. Kinder, die protestieren und schwierig erscheinen, haben oft ein unglaublich reiches Potential, finden aber nicht genug Möglichkeiten, es umzusetzen:

Ein Beweis dafür, daß die Dynamik zum Ausdruck kommen *muß*. Im umgekehrten Fall übrigens kann Unruhe daher kommen, daß man von Kindern zu vieles und dies zu früh verlangt: Ein Beweis dafür, daß der individuelle Rhythmus *respektiert* werden muß!

● *Körperliches Unwohlsein oder Hunger*

Beide Zustände können Kinder mürrisch oder schwierig erscheinen lassen.

> *Es ist 19 Uhr. Jakob ist schlechter Laune, faßt alle Gegenstände auf dem Kachelofen an und klettert auf den Sesseln herum, was er normalerweise nicht macht. Seine Mutter ärgert sich und denkt aber nicht daran, ihm nochmals Abendessen zu geben, da er um 18 Uhr ausreichend gevespert hat. Um 19 Uhr 15 setzt sie sich schließlich zu Tisch und Jakob ißt mit gutem Appetit. Sobald er fertig ist, ist er ausgeglichen und kooperativ, wie sonst auch: Er hatte Hunger oder zumindest das Bedürfnis, zu essen. Wir vergessen oft, daß regelmäßige Mahlzeiten für Kinder sehr wichtig sind und sie zu den üblichen Zeiten noch Hunger haben können, auch wenn sie kurz zuvor bereits gegessen haben.*

Manche Kinder sind ohne offensichtlichen Grund unleidlich, haben aber am nächsten Tag plötzlich starkes Fieber: Verdauungsstörungen, eine Grippe, Angina …

● *Die Qualität der Beziehung zwischen Erwachsenem und Kind*

Sie wirkt sich sehr auf die Verfassung des Kindes aus. Fühlt es sich nicht wohl, ist unzufrieden, traurig, mitunter sogar zornig, verweigert es all das, was ein anwesender Erwachsener gerne mit ihm machen würde. Es stimmt, daß Kinder an manchen Tagen schlechter gelaunt aufwachen als an anderen, aber häufig beeinflußt sie auch unsere eigene Stimmung! Sind wir selbst entspannt und zufrieden mit unseren Beschäftigungen, sind auch die Kinder ruhiger, selbständig, gerne allein und lange Zeit am Spielen und mit sich beschäftigt. Sind wir aber ungeduldig, besorgt und unzufrieden mit uns, dann ertragen wir selbst die kleinste Dummheit schlecht und fangen an zu schimpfen: Die Kinder sind dann verunsichert, fangen an, alles anzufassen, lungern am Boden herum, kommandieren uns herum und lehnen alle unsere Vorschläge ab. Wir widerum geben ihnen ungeduldige Antworten und der Teufelskreis findet kein Ende.

Julians Mutter hat sich während dessen Mittagsschlaf zur Nähmaschine gesetzt. Als dieser früher als gewöhnlich aufwacht, betrachtet er diese fasziniert und möchte alles anfassen. Seine Mutter ärgert sich, weil sie nicht früher zu nähen begonnen hat, und ihre Unzufriedenheit entlädt sich auf Julian, der die Nadelschachtel und die Schere entdeckt hat. Sie schimpft. Er fängt zu lachen an, versteckt sich unter dem Tisch, möchte spielen, kommt wieder hervor und setzt sich neben seine Mutter. Sie sagt nichts. Er beobachtet sie, zieht an einem Stück Stoff, sie schimpft wieder, er bietet ihr die Stirn. Sie wird zornig, nimmt ihn und bringt ihn ins Nebenzimmer. Er weint.
Seine Mutter weiß sehr wohl, daß sie ihm unter anderen Voraussetzungen in Ruhe die Knopfschachtel gegeben hätte oder zwei, drei Stoffstücke, mit denen Julian in Ruhe gespielt hätte. „Jedes Mal, wenn ich schlechte Laune habe, kommt es zum Konflikt."

Sie weiß auch, daß es in so einem Fall am sinnvollsten ist, die eigene Tätigkeit zu unterbrechen und mit dem kleinen Julian zu spielen, ein Buch mit ihm anzuschauen oder sich an einer anderen Beschäftigung, die ihm gefällt, zu beteiligen. Dadurch könnte die Verbindung wieder hergestellt werden, sie würden sich miteinander wohlfühlen, gelöster werden, und jeder könnte die eigene Tätigkeit fortsetzen.

Selbst wenn das Kind in schlechter Verfassung ist, müde und angespannt und die Beziehung darunter leidet, ist es zu klein, um sich dessen, was geschieht, bewußt werden zu können, geschweige denn an der Situation etwas ändern zu können.

Daher liegt es am Erwachsenen, innezuhalten und sich zu fragen: „Was mache ich eigentlich gerade?" Was ist passiert? Atmen wir aus, gehen wir kurz zur Seite, und dann können wir ihm mit etwas mehr Ruhe helfen: Vielleicht fällt uns etwas ein, um den Kreislauf zu durchbrechen. „Es ist meine Aufgabe als Erwachsener, etwas zu ändern."

Sich unwohl zu fühlen und allein gelassen zu sein hat für ein kleines Kind oft die Bedeutung, nicht geliebt zu werden. Hier glaube ich, paßt auch der Begriff „andocken" sehr gut. Wahrscheinlich muß sich das Kind wieder mit Ihnen verbinden. Die erste Reaktion hingegen ist meist schimpfen, wodurch die Distanz, die Leere, die das Kind zwischen Ihnen und sich selbst empfindet, nur größer wird: Seine Dummheiten folgen in immer kürzeren Abständen.

Versuchen Sie einmal nach einer kurzen Verschnaufpause, Ihre Arbeit zu unterbrechen, um einen kurzen Augenblick mit Ihrem Kind zu verbringen: Schauen Sie gemeinsam ein Buch an, spielen Sie mit ihm, kleine Zärtlichkeiten, bei denen Sie nur an Ihr Kind denken. Fast immer wird es sich erholen, seine Verbindung zu Ihnen wieder herstellen. Wahrscheinlich wird es kurze Zeit später wieder selbständig und ruhig spielen, und Sie können Ihre Tätigkeit wieder aufnehmen, Vertrauen haben oder erwecken und sich gemeinsam wieder freuen.

Man kann gut nachvollziehen, wie im umgekehrten Fall ein schwieriges Verhalten entsteht, das – wenn es schon nicht zur Gewohnheit wird – so mindestens einen ganzen Tag oder Abend verderben kann. Wiederholt es sich öfter, so mündet dieses Verhalten in die Aussage: „Es ist ein anstrengendes Kind." Man weiß keine Antworten mehr, man findet aus diesem schimpfenden und vorwurfsvollen Ton nicht mehr heraus, es ist ein Teufelskreis. Und das Kind wird tatsächlich schwierig, widerspenstig und unzufrieden.

Von Nicki, einem sehr lebendigen und fordernden dreijährigen Jungen hieß es: „Er ist anstrengend! Zum Glück hat er ein goldenes Herz!" Tatsache ist, daß seine Mutter überlastet ist mit unzähligen Beschäftigungen und der Vater, sehr beansprucht von einer ihn erfüllenden Arbeit, sich nicht um seinen Sohn kümmern kann. Es hat den Anschein, als ob der kleine Junge durch sein Verhalten ein Bedürfnis nach Zuwendung zum Ausdruck bringt. Schon im Alter von zwei Jahren wurde ihm dieses Verhalten als Charakterzug zugeschrieben: „Das ist ein anstrengendes Kind." Dabei wurde kein Unterschied gemacht zwischen dem Wesen des Kindes und seinen Verhaltensweisen.

Man kann sich vorstellen, daß sich dieser Junge in gewisser Weise im Stich gelassen fühlt und sich sein reiches und starkes Temperament auflehnt, um Aufmerksamkeit auf sich zu ziehen. Ihn zu bestrafen, würde ihm erst recht das Gefühl vermitteln, verlassen zu sein, noch weiter weg von seiner geliebten Mutter, mit der er sich so gern verstehen will. Natürlich ist er sich dessen nicht be-

*wußt, nur seine Eltern können diesen Kreis durchbrechen und die
Verbindung wieder herstellen.*

*Er fühlt sich bloß unbefriedigend und daher in seinem Selbstwert-
gefühl verletzt. Und wenn er nicht „brav" ist, sind seine Eltern
verärgert und lieben ihn daher weniger oder gar nicht. Diese
Angst erklärt das Unwohlbefinden und das daraus resultierende
schwierige Verhalten.*

● **Die Meinung, die der Erwachsene vom Kind hat**

Ein Kind ist sehr empfindlich in bezug auf die Meinung des Erwachsenen ihm gegenüber. Durch Beobachtungen in der Krippe konnten
wir viel erfahren über schwierige Kinder.

*Zum Beispiel Jonathan, von dem es nichts zu erzählen gab: Er tat
nichts, er lungerte den ganzen Tag herum.*

*Bei einer Teambesprechung vermittelte jede Betreuerin ihre Beob-
achtungen über die Aktivität des kleinen Jungen. So konnte festgestellt werden, daß er sehr wohl manchmal mit den kleinen
blauen Autos spielte, indem er sie auf den Heizkörpern spazieren
führte, und daß er eine ganz besondere Zuneigung zur kleinen
Charlotte empfand. Bis jetzt hatte das noch keiner bemerkt. Bei
der nächsten Besprechung war jeder erstaunt über die Veränderung von Jonathans Verhalten. Er war lebendiger geworden und
hatte begonnen, vielfältigeren und interessanteren Beschäftigungen nachzugehen.*

Diese Beobachtung wurde oft gemacht: Sobald man sich für ein Kind,
dessen Verhalten bis zu diesem Zeitpunkt schwierig war, mehr zu interessieren begann, fand eine Veränderung statt. Dies zeigt deutlich,
daß das Unbehagen im Beziehungsgefüge – Leere vielleicht oder das
Gefühl, niemanden zufriedenstellen zu können – Auslöser dafür ist,
daß sich das Kind auf sich selbst zurückzieht: Seine Reaktionen sind
voller Widerstand oder unangenehm. Wenn der Erwachsene dann seinen Blick ändert, kann sich auch das Kind ändern.

*Karin war zwei Jahre und acht Monate alt. In der Familienkrippe
(die Tagesmütter befinden sich dort mit einer Kinderärztin und einem Beratungsteam, und die Kinder haben die Möglichkeit,*

Gruppenaktivitäten mitzuerleben) galt sie als „nicht sehr sympa-
thisch" und „enttäuschend". Sie lächelte kaum. Im Unterschied
zu den anderen Kindern ging sie nie auf die zwei Kinderärztinnen
zu, die einmal wöchentlich kamen. Diese wiederum hatten in ih-
ren Arbeitsbesprechungen beschlossen, sich besonders für dieses
Mädchen zu interessieren. Sie verbrachten daher mehr Zeit mit
der Tagesmutter, um Karin in ihren Aktivitäten und in ihrem all-
gemeinen Verhalten besser beobachten zu können, ohne sich aber
deswegen mehr mit ihr zu beschäftigen.

Von diesem Zeitpunkt an hat sich das Verhalten des kleinen Mäd-
chens unmittelbar verändert: Sie begann zunehmend zu lächeln.
Wenn sie auch noch nicht völlig unbeschwert und heiter wirkte,
zeigte sie doch ihre Spielsachen und war offener für Nähe.

„Nach dieser Erfahrung hat sich unsere ganze Art zu arbeiten und die
Kinder wahrzunehmen verändert", sagten die zwei jungen Frauen
und die Tagesmutter.

Zu Hause läuft es ähnlich: Manchmal haben wir selbst sehr viel zu
tun, und unser Kind entspricht überhaupt nicht unseren Erwartungen. Gewisse Charakterzüge überraschen uns höchst unangenehm,
wohingegen das Kind unserer Freunde diese und jene Vorzüge hat. Es
fällt uns schwer, unser Kind dann so anzunehmen, wie es ist, in allen
seinen Besonderheiten.

Sehr aktive Eltern haben einen langsamen, verträumten Jungen,
der viel Zeit damit zubringt, einen Gegenstand zu beobachten
und dabei den Eindruck erweckt, „seine Zeit zu verlieren". Sie
sind enttäuscht und beunruhigt, wenn sie dann das Kind ihrer
Freunde beobachten, wie es bereits ein Duplo-Haus baut.

Aus der Distanz läßt sich leicht sagen: „Man muß jeden so respektieren wie er ist. Seine Kinder liebt man so wie sie sind." In der täglichen Praxis jedoch sind wir schon einmal verärgert oder beunruhigt
und fragen uns, ob es sich um einen Charakterzug handelt oder einen
Entwicklungsfehler, wo es darum ginge, unsere Verantwortung
wahrzunehmen. Und schon machen wir uns Vorwürfe! Jeder Elternteil reagiert auf sehr persönliche und unbewußte Art und Weise. Und
es fehlt nicht viel, daß die Meinung, die wir uns über unser Kind bilden, dessen Entwicklung entscheidend beeinflußt.

Ein leicht streitsüchtiges Kind oder eines, das nicht auf Anhieb Sympathie erweckt, sollte in seinen Eltern oder einer anderen wohlwollenden Person einen Fürsprecher finden, der es ihm ermöglicht, vielleicht etwas verborgene, aber sehr wertvolle Charakterzüge zum Vorschein kommen zu lassen.

Der dreieinhalbjährige Paul ist seit drei Monaten in der Kinderkrippe, wo er nichts anzufangen weiß. Als seine Mutter eines Tages Zeichnungen, die er zu Hause gemacht hat, mitbringt und einige seiner Spiele schildert, ist die Betreuerin angenehm überrascht. Sie beginnt ihn mit anderen Augen zu sehen.
Der kleine Junge schien sich durch diese Begebenheit, die er miterlebt hat, gestärkt zu fühlen. In den folgenden Tagen hat sich sein Verhalten geändert.

Wir sollten uns bewußt werden, daß wir selbst unser eigenes Kind erst kennenlernen müssen. Es wäre wünschenswert, daß es zu dem werden kann, was ihm am besten entspricht, und nicht das, was wir wollen.

Erinnern wir uns an die Worte Bettelheims: „Dem Kind ermöglichen, die Person zu entdecken, die es sein will und dank derer es mit sich selbst und seiner Art, zu leben, zufrieden wird."

Diese Auffassung ist sicher für manche Eltern selbstverständlich, für andere hingegen ungewöhnlich (je nach der eigenen inneren Wirklichkeit), aber sie ist auf jeden Fall nicht so leicht umzusetzen!

Jedes Kind hat das Bedürfnis, geliebt zu werden, womit nicht gemeint ist, in die Arme genommen, geküßt und verwöhnt zu werden, sondern so wie es ist angenommen zu werden. Es will in seinem Wesen wahrgenommen und respektiert werden und das Gefühl haben, daß man zufrieden mit und interessiert an seinem Tun ist. Dadurch fühlt es sich „gut", „zufriedenstellend", und die Beziehung zum Erwachsenen wird positiv. Ist ein Kind entspannt, hat es auch Lust, friedlich zu leben und nicht das Bedürfnis, sich zu widersetzen oder Dummheiten zu machen.

Ein Kind, das weiß, daß es etwas angestellt hat oder das gerade heftig geschimpft worden ist, fühlt sich zurückgewiesen, unwohl, angespannt – dies sind die besten Voraussetzungen, von neuem Dummheiten zu machen.

Noah zieht Marlene an den Haaren und stößt sie zu Boden, um ihren Lastwagen zu nehmen. Ein anwesender Erwachsener schimpft mit ihm und schiebt ihn weiter weg. Er schreit, nimmt den nächstbesten Würfel, schmeißt ihn voller Zorn durch die Luft und versetzt einem anderen Kind einen Fußtritt. Die Betreuerin nimmt ihn in den Arm, sagt ihm ruhig und bestimmt, daß er nicht das Recht hat, so etwas zu machen, aber daß er ein netter kleiner Junge ist, den sie sehr gern hat. Er weint noch kurz, wird dann aber gelöster und ist bereit für ein Spiel, das sie ihm vorschlägt.

Der dreieinhalbjährige Julian spielt beim „Boule"-Spiel mit und schleudert den kleinen Ball dabei ungeschickterweise über die Mauer. Er schimpft heftig mit sich und ist im Begriff, ganz zornig zu werden und alles auf den Boden zu werfen. Seine Mutter spricht mit ihm: Eben ist er ungeschickt gewesen, aber vorher hat er sehr gut gespielt; einmal hat er sogar gewonnen, er ist ja schon groß ... Einige Schluchzer hört man noch, aber er beruhigt sich zunehmend. Er war ungeschickt, aber er ist kein dummer Junge. Hätte man auf der Ungeschicklichkeit beharrt, hätte sein Zorn angehalten, als Ausdruck seines Schmerzes und der Enttäuschung darüber, nur ein kleiner Junge zu sein, der nicht so gut wie die anderen spielen kann und außerdem noch ein „schlechtes" Verhalten zeigt.

Im folgenden Kapitel werden wir sehen, wie sich eine Trennung auf das Befinden eines Kindes bei der Rückkehr seiner Eltern auswirken kann. Als erstes geht es vor allem darum, sich „wiederzufinden", Wohlbefinden und Vertrauen zurückzugewinnen, wenn wir wollen, daß das Verhalten unseres Kindes wieder befriedigend ausfällt – für uns und für das Kind. (So hatte es die Mutter von Daniel gut verstanden, daß es besser ist – auch wenn sie abends müde von der Arbeit nach Hause kommt – zuerst eine Viertelstunde nur für ihn da zu sein.)

All diese Beispiele zeigen, wie durch Unverständnis aus einem sensiblen aufgeweckten Kind ein widerspenstiges werden kann – was wir dann allzu schnell als Verhaltensauffälligkeiten oder Charakterschwierigkeiten bezeichnen.

Ein kleines Kind befindet sich oft im Widerstreit zwischen dem Wunsch, den Erwartungen der Erwachsenen zu entsprechen und dem, wonach seine eigenen Bedürfnisse es drängen, die meist seinem eigentlichen Wesen entspringen.

Wir Erwachsene sollten daher unser Kind viel eher **begleiten** als es auszuschimpfen. Auch wenn es zahlreiche Dummheiten macht, müssen wir seine Bemühungen anerkennen (ohne uns deswegen verpflichtet zu fühlen, in Begeisterung auszubrechen, wie „Oh, wie ist das toll! Du bist groß! Das ist wunderbar!", was oft nicht einmal echt klingt …). Bleiben wir ehrlich und natürlich, so wie wir uns auch Erwachsenen gegenüber verhalten würden.

Ein neues Beispiel kann dieses Prinzip noch besser illustrieren.
Ein kleiner, aber feiner sprachlicher Unterschied zeigt, welche Haltung dem Kind gegenüber ihm dabei helfen kann, eine innere Unabhängigkeit zu entwickeln. Wenn es z. B. seinen Ball wiedergefunden, die ersten zwei Schritte gemacht oder einen Turm gebaut hat, können Sie sagen: „Das ist toll!" Oder Sie spüren innerlich Zufriedenheit und teilen diese Befriedigung mit ihm durch die Worte: „Bist du zufrieden?", „Du hast einen Turm gebaut."
Spüren Sie den Unterschied? Im ersten Fall beurteilen Sie nach „Ihren" Normen. Sie können die Handlung des Kindes aber auch bestätigen und es seine eigene Freude spüren lassen, die ja ständiger Begleiter seines Tuns war. Nicht die Motivation, Ihnen zu gefallen, treibt es an, tätig zu werden, sondern der Wunsch, sich am eigenen Entdecken zu erfreuen.

In der Erwartungshaltung von Eltern treffen folgende Aspekte aufeinander:
– das, was ein Leben in Gemeinschaft erforderlich macht;
– das, was den persönlichen Wünschen, bewußt und unbewußt, der Eltern entspringt, wobei die Partner nicht immer übereinstimmen.

Das Positive hervorheben und unsere Aufmerksamkeit soviel wie möglich darauf lenken

Das kindliche Interesse wendet sich oft dem zu, dem auch wir Bedeutung beimessen. Nachdem wir unserem Kind etwas erklärt haben, sollten wir, selbst wenn wir nicht umhin konnten, mit ihm zu schimpfen, wieder versuchen, gelassen zu werden und nicht ständig von der Angelegenheit sprechen, nicht immer mit dem Blick auf die verbotene Lampe, auf den Sessel, auf den nicht geklettert werden darf, auf die noch immer nicht gegessenen Karotten oder was dergleichen mehr ist.

Zeigen wir ihm lieber unser Interesse für ein neues Bauwerk, für die schlafende Puppe, für die Vögel, die man singen hören kann. Zeigen wir wirkliches, von innen kommendes Interesse für seine Tätigkeiten und Entdeckungen; darüber können wir mit ihm oder mit anderen in seiner Gegenwart reden. So hat es öfter Gelegenheit, von Verbotenem oder Gefährlichem zu lassen. Und da sich sein Interessensfeld so schnell erweitert, wird es auch von anderen Dingen angezogen werden.

Tun wir das nicht, tragen wir dazu bei, daß es ständig auf verbotene Dinge zusteuert und sein Augenmerk nicht davon abwenden kann.

So oft hören wir eine Erklärung wie die folgende: *„Es macht alle diese Dummheiten nur, um Aufmerksamkeit auf sich zu lenken!"* Zweifelsohne hat es Erfolg damit, sonst würde es dies nicht fortsetzen. Also, worauf sollte sich Ihre Aufmerksamkeit richten?

Zu sagen „Das interessiert mich nicht" und das Kind einen kurzen Moment allein zu lassen ist oft viel wirksamer als ständiges Schimpfen oder Bestrafen. Sie können hingegen lange über neue Errungenschaften sprechen, etwas davon aufbewahren, um es abends Papa (oder Mama) zu zeigen.

Sie werden sehen, daß Ihr Bestreben immer dahingeht, diesen dynamischen Aspekt im Kind und das Bedürfnis, in Harmonie mit ihm zu leben, zu erhalten, und weniger dahin, Interesse auf unerwünschtes Verhalten zu lenken. Sie schätzen seine Bemühungen: „Du kannst den Hammer noch eine Weile haben, ich sehe, daß du damit sehr gut umgehen kannst."

Folgende Überlegungen können Ihnen vielleicht auch helfen, Ihr Kind aufzuwerten, anstatt es zu bestrafen oder zu demütigen, damit es nachgibt.

– Denken Sie an Beschäftigungsmöglichkeiten: Kinder haben beispielsweise ein großes Bewegungsbedürfnis, und selbst in einer Wohnung lassen sich an schwierigen Tagen einige Konstruktionen entwerfen, die es Ihrem Kind ermöglichen, sich raffiniert zu bewegen: ein Schemel neben einem Sofa, auf das es sich werfen kann, mit Kissen und Kopfpolstern auf dem Boden. Wenn Ihr Kind anfängt, Wände bemalen zu wollen, richten Sie eine Tafel und zeigen sie ihm, daß es hier malen kann. Denken Sie auch an diese leicht aufblasbaren Luftballons, die viel stabiler sind als man glaubt. Zu Unrecht hebt man sie meist für Feste auf; ein oder mehrere Kinder können sich lange Zeit damit vergnügen. Ich erinnere mich noch an verregnete Nachmittage, die dadurch sehr fröhlich verliefen.

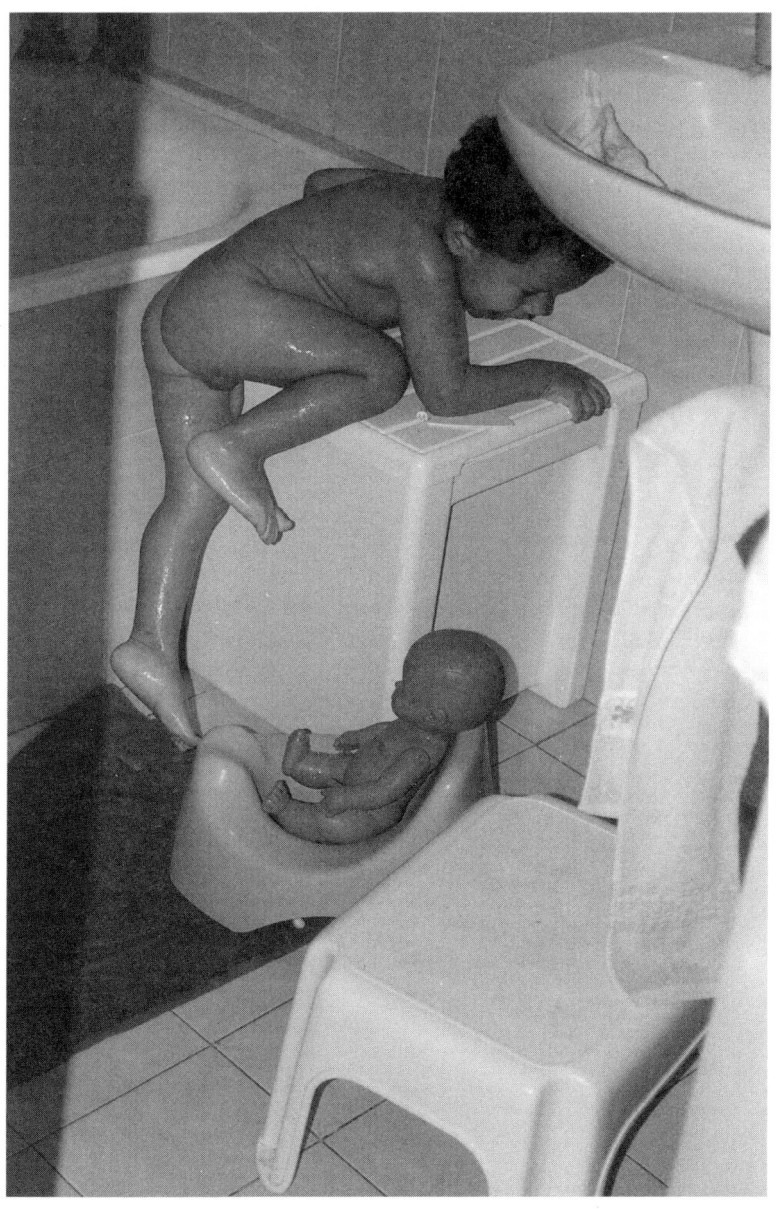

Dieses Kind hat die Möglichkeit,
selbständig in die Badewanne hinein- und aus ihr herauszusteigen.

– Finden Sie Gelegenheiten, Ihr Kind an der Hausarbeit teilnehmen zu lassen: beim Einkauf, in der Küche, beim Tisch decken oder Werkzeug reichen, um so am Leben der Erwachsenen teilzunehmen. Es fühlt sich in solchen Momenten wichtig und freut sich, in eine Zusammenarbeit eingebunden zu sein. Dadurch veringert sich sein Bedürfnis, sich durch Widerstand bemerkbar zu machen.

Die Mutter der 28 Monate alten Elisa schneidet einen Stoff zu, um ein Regal damit auszukleiden. Das kleine Mädchen hat sehr sorgfältig und heftig atmend die Teller und Schüsseln aus dem Regal geräumt und beobachtet nun begeistert die schneidende Schere. Ihre Mutter schlägt ihr vor, sich zu setzen, gibt ihr etwas dickes Papier und hält ihr die Schere hin: „Ich borge sie dir".

Elisa, ganz bewegt und erfüllt von Freude, nimmt sie und versucht, sehr aufmerksam zu schneiden.

Weder Worte noch Lob waren notwendig, um dieses Kind glücklich zu machen.

Hier wird deutlich, wie Ihre Haltung dazu beitragen kann, Widerstand im Kind zu produzieren oder aber auch den Wunsch im Kind zu

Zärtlichkeit beim Puppenspiel – Zärtlichkeit, wie sie das Kind im Umgang mit Erwachsenen auch erlebt.

verstärken, sich in das Gemeinschaftsleben einzufügen, Ihren Erwartungen zu entsprechen und in Harmonie mit Ihnen, seinen Eltern, zu leben.

Alle diese Beispiele belegen die Versuche von Eltern, ihrem Kind zu helfen und ihr Bestreben, sein Selbstvertrauen wachsen zu lassen; es nicht zu kritisieren oder zu sagen: *„Du kannst das nicht, du bist böse, du bist nicht lieb."* In bestimmten Fällen sollte man ihm zugestehen, daß es ihm jetzt noch nicht möglich ist, Ihre Erwartungen zu erfüllen, aber sicher etwas später. Verrennen Sie sich nicht!

● *Ein Kind nicht erniedrigen*

Wie wir gesehen haben, ist es klar, daß man zu einem Kind nie verletzende oder demütigende Worte sagen soll, da es dadurch leidet. Kommt dies häufig vor, bleiben diese Schmerzen im Verborgenen oder äußern sich in Verhaltensweisen, die nicht zu akzeptieren sind und dann tatsächlich Strafen, weitere Verletzungen, Vorurteile und Aggressivität nach sich ziehen: eine Spirale, wo anstatt von Freude, Liebe und Vertrauen Enttäuschung, Zorn, Zurückweisung und sogar Haß vorherrschen. (Wir haben große Schwierigkeiten, uns das einzugestehen, aber wer hat wirklich noch nie solche Gefühle gehabt?)

Versuchen wir bewußt, unser Kind nicht zu demütigen und uns nicht über es lustig zu machen. Passen wir also auf, nichts zu tun, wovon wir Erwachsenen auch verschont bleiben möchten. Vergegenwärtigen wir uns noch einmal, daß die Sensibilität eines Kindes viel größer ist als wir glauben. Es muß die Möglichkeit haben, ein gesundes Selbstwertgefühl aufbauen zu können.

Sicherlich sind manche Kinder anstrengender als andere. Sie neigen jederzeit dazu, nein zu sagen oder genau das zu tun, was Sie nicht wollen. Schauen Sie zuerst, ob nicht ein Unwohlsein vorliegt, wie wir es schon besprochen haben. Wenn nicht, handelt es sich vielleicht um ein sehr starkes Temperament, das sich behaupten möchte, nicht als Reaktion auf ein Gefühl von Zerbrechlichkeit oder Unwohlbefinden, sondern als Ausdruck von persönlicher Kraft, Energie und Vitalität.

Zerstören Sie dieses Potential nicht! Schauen Sie auch, was an Positivem in dieser Lebenskraft steckt. Vielleicht entdecken Sie ein leidenschaftliches Interesse für Bewegung, Musik, Geräusche, für Abenteuer? Bieten Sie ihm Möglichkeiten zum Experimentieren, Gelegenheiten, seine Fähigkeiten auszuleben und seine Bedürfnisse zu befriedigen, und Sie werden sehen, daß der Widerstand schwindet. Kinder, die sich widersetzen, sind – wie wir schon öfters festgestellt haben – Kinder, die sich langweilen oder solche, deren Lebenstrieb protestiert.

Vermeiden wir es, vor ihm, in seiner Gegenwart, zu sprechen als wäre es ein Gegenstand.

Während ihrer Teambesprechungen haben die Betreuerinnen vereinbart, wie sie den Eltern abends vom Tagesablauf erzählen wollen: Nicht mehr nur über das Kind sprechen, sondern es in das Gesagte einzubeziehen: „Ich erzähle deiner Mama, was du heute gemacht hast. Du hast gespielt, du hast zu Mittag das und das gegessen ..."

Es ist wichtig, zu sagen, deine Mama, denn wenn ein Erwachsener sagt: „Mama kommt", von wem spricht er dann? Von seiner eigenen? Haben wir dieselbe Mama? Versuchen wir klar und deutlich zu sein, auch bei den Kleinen.

● *Ein bißchen Humor*

Vergessen wir unseren Humor nicht, das Lachen! Seien wir in der Lage, uns manchmal über uns selbst lustig zu machen, über unseren Zorn genauso wie über unsere ungestümen Gesten der Zärtlichkeit, über unsere Kindlichkeiten genauso wie über unsere Intellektualität. Lachen wir mit unseren Kleinen, auch nach Dummheiten. Und vergessen wir nicht zu lachen, zu atmen und uns zu bewegen.

Verlassen wir mit unseren Kindern ein bißchen unser Vielbeschäftigtsein und unser allzu großes Bestreben, immer perfekt zu sein. Nehmen wir uns Zeit, die Schönheit der Körper und seiner Bewegungen zu beobachten und der Feinheit der Laute zu lauschen. Ein Säugling kann uns in seiner Einzigartigkeit etwas vom einfachsten Leben wiedergeben.

Als aufmerksamer Beobachter ermöglichen wir es unserem Kind, eigenständig und mit Freude, Neugier und Vertrauen ins Leben zu treten.

Es fällt uns Eltern oft schwer, diesen Aspekt der Kooperation zu berücksichtigen, ihm Raum zu lassen, da uns unser Temperament oder unsere persönliche Geschichte meist im Weg ist, oder weil wir alle hin und wieder müde, verspannt oder von Selbstvorwürfen geplagt sind.

Und trotzdem wird unser Kind umso mehr Möglichkeiten haben, mit unseren Unzulänglichkeiten umgehen zu lernen, je mehr wir ihm vertrauen. Alles in allem – versuchen wir nicht immer, alles perfekt machen zu wollen, sondern lassen wir unser Kind genau die Eltern erleben, die es hat. Es wird den bestmöglichen Nutzen daraus ziehen!

Diese Haltung wird es ihm ermöglichen, seinen Selbstwert zu finden und ein Vertrauen zu sich selbst. Dadurch kommt es in Kontakt mit seiner eigenen Energie, ohne allzu große Zweifel oder Unsicherheit, nicht genug geliebt zu werden. Denn Unzufriedenheit mit sich selbst und Zweifel erzeugen Vorurteile gegenüber anderen, wodurch Aggressivität, ja sogar Haßgefühle entstehen können – auch wenn dies manchmal gut im Verborgenen gehalten wird. „Man kann seine Mitmenschen nur dann wirklich lieben, wenn man sich selbst liebt." (Erinnern wir uns an Nicki, S. 68)

● **Wie wir unserem Kind helfen können**

Es gibt kein Geheimrezept, wie wir einem Kind helfen können. Was in einem Fall nützlich ist, kann im anderen wirkungslos bleiben. Trotzdem werde ich Ihnen ausgehend von diesen Beispielen einige Vorschläge anbieten. Seine Haltung zu ändern ist nie leicht, und es ist notwendig, schon im vorhinein darüber nachzudenken:

– Kurze Augenblicke wirklicher Aufmerksamkeit können Ihrem Kind helfen: „Ich kann mich nicht lange mit dir beschäftigen, aber vor dem Abendessen können wir beide in Ruhe zusammen sein." Manchmal ist es sehr hilfreich für ein Kind, mit ihm einen solch ruhigen Moment rechtzeitig auszumachen, da es sich dadurch tagsüber zurechtfinden kann, warten lernt und einen Anhaltspunkt vorfindet.

– Man kann auch zwei oder drei Spiele, die es besonders gern hat, ausmachen und sich Schritt für Schritt seiner kindlichen Welt nähern, versuchen, an ihr teilzunehmen, ohne irgendeine Wertung, sondern einfach mit der Absicht, sich ihm zu nähern, es wahrzunehmen und miteinander einen angenehmen Augenblick zu verbringen.

Man sollte es auf jeden Fall vermeiden, ein Kind durch Sanktionen auszuschließen, denn, wie wir schon festgestellt haben, zieht das

Unwohlsein des Kindes automatisch widerspenstiges Verhalten und Streiche nach sich. Es wäre auf jeden Fall notwendig, sich darüber Gedanken zu machen, wie wir unser Kind sehen: Glauben wir, daß es genauso *ist* und wir daher nicht viel mehr tun können als weiterhin darauf zu drängen, daß es gehorchen lernt, oder daß es vielleicht auch *anders ist*, ja sogar leidet und unsere Hilfe braucht?

Der Kindergarten

In dieser schwierigen Zeit mit einer außerhäuslichen Betreuung zu beginnen, kann sich zur ziemlichen Katastrophe entwickeln – „Es gibt dort Stärkere als dich, du wirst der Leiterin schon folgen müssen" –, wenn das Kind in dieser Leiterin nicht eine fürsorgliche und wohlmeinende Verbündete findet, bei der es seine Fähigkeiten und Energie gerne einsetzt.

Wir sollten immer daran denken, daß das Kind sich ausdrücken und die Achtung der anderen spüren möchte, vor allem der Erwachsenen. Je nach dem Verhalten der Leiterin wird das Kind den Kindergarten als Strafe oder aber als interessanten Ort erleben.

Im ersten Fall kann es geschehen, daß sich das Kind unterordnet und den Kindergartenalltag auf sich nimmt, um in gewisser Weise seine Eltern zufriedenzustellen. Und man wird die dahinterliegenden Schwierigkeiten nicht mehr wahrnehmen. Es wäre trotzdem gut, sich daran zu erinnern, um gewisse Verhaltensauffälligkeiten zu verstehen: Aggressivität, große Müdigkeit (das Kind strengt sich sehr an, um sich selbst unter Kontrolle zu halten und Groll oder Aggressivität zu bekämpfen), ständiges Kritisieren, Beurteilen oder Herrschsucht. Diese Verhaltensweisen können sofort oder auch erst später auftauchen. Sie dienen der Verteidigung, um das zu verbergen, was in den Augen der Erwachsenen als unbefriedigend gilt und das Bemühen zu zeigen, deren Erwartungen zu entsprechen. Dies erinnert uns wieder daran, daß kleine Kinder viel mehr Anstrengungen unternehmen, um uns zufriedenzustellen, als wir glauben.

Ein abwesender Vater

Ein in seine Arbeit allzu vertiefter Vater wird sich fragen, was sein Kind für ihn bedeutet und warum er sich nicht wirklich dafür interessiert. Ist er enttäuscht? Vielleicht hat er auch noch keine Gelegenheit gehabt, den wirklichen Reichtum und die Originalität seines

Kindes zu entdecken. Er könnte sich auch für bestimmte Augenblicke Zeit nehmen, um mit ihm zu spielen, an seinen Aktivitäten teilzunehmen, sein Kind kennenzulernen, um etwas Angenehmes gemeinsam zu erleben. Das muß nicht viel Zeit in Anspruch nehmen: Eine „gute" Viertelstunde kann viel wert sein. Oft ist man erstaunt, wie sehr sich das Verhalten von Kindern, die ihre Väter selten sehen, ändern kann, wenn sie einige angenehme Augenblicke mit ihnen verbracht haben.

Bedenken Sie trotzdem zwei Dinge:

– Die ersten Begegnungen können mitunter enttäuschend sein: Das Kind ist überrascht, weiß nicht recht, was es tun soll, und dem Vater geht es ähnlich! Wir haben darüber schon öfters gesprochen: Wenn man bestimmte Gewohnheiten ändern will, sollte man geduldig bleiben und nicht sofort aufgeben!

– Versuchen Sie, eher der Initiative Ihres Kindes zu folgen, als über es zu bestimmen. Lassen Sie sich Zeit und Raum, es zu beobachten und kennenzulernen. Versuchen Sie, seinen Vorschlägen zuzuhören, wahrzunehmen, was es interessiert, was ihm gefällt oder auch was ihm angst macht. Erleben Sie seine Fähigkeiten und auch seine Unsicherheiten. Sie werden sicher bald merken, wie faszinierend das sein kann.

Viele Eltern und vor allem Väter haben Angst, die Bedürfnisse ihres Kindes nicht zu kennen und sie nicht erfüllen zu können. Sie halten sich im Hintergrund, etwas starr und nehmen daher am Leben ihres Kindes nicht wirklich teil. *Wenn Sie sich ihm vertrauen, wird es Sie in seine Welt mitnehmen.*

Lassen Sie sich von ihm gelassen führen, und Sie werden sehen, daß sie beide Vergnügen daran finden werden, aus dem sich vielleicht noch eine größere gemeinsame Freude entwickeln kann.

Ein besonderes Beispiel: „Sauberkeitserziehung"

Sie können auch in diesem Punkt Ihrem Kind vertrauen, wobei es sich mehr um eine innere Bereitschaft handelt als um das Lehren einer Fertigkeit: Es reicht nicht aus zu wissen, sondern es geht um „wollen", akzeptieren. Das ganze Wesen muß reif sein, sonst handelt es sich um Dressur.

Manche von Ihnen werden meinen, daß „das von selber geht" und daß es nicht notwendig ist, sich darum zu kümmern. Dies stimmt sicher, wenn man dem Kind das entsprechende Vertrauen entgegenbringt. Sie geben ihm ein zu erreichendes Ziel vor und in aller Ruhe, seinem Rhythmus entsprechend, wird es dorthin gelangen. Nach manchen Fort- und auch Rückschritten wird es etwa mit drei Jahren sauber sein und keine Probleme mehr damit haben. (Das nächtliche Sauberwerden hängt noch von anderen Faktoren ab, die die „Altersbegrenzung" dieses Buches überschreiten würden.)

Trotzdem möchten Sie vielleicht wissen, was in dieser Zeit geschieht und wie sie Ihrem Kind diese Dinge vermitteln.

● *Den physiologisch richtigen Zeitpunkt abwarten*

Damit ein Kind sauber werden kann, muß es – um das Öffnen und Schließen des Afters und der Blase zu steuern – seine Schließmuskeln kontrollieren können. Das kann es erst, wenn die Nervenenden des Rückenmarks an ihrem Platz sind. Jedes Kind hat seinen eigenen Rhythmus, aber man kann beobachten, daß diese Fähigkeit mit dem Zeitpunkt zusammenfällt, wo es zum ersten Mal aufrecht und selbständig eine Treppe mit beiden Füßen abwechselnd hinaufsteigen kann – dies ist meist mit ungefähr zwei Jahren der Fall. Dies ist ein ungefährer Richtwert, um das Kind probieren zu lassen und den Topf zu geben, wenn es danach verlangt. *Vermeiden Sie es, von Ihrem Kind etwas zu verlangen, wozu es noch nicht fähig ist.*

Sie werden beobachten, daß es mehr oder weniger gleichzeitig drei Stufen erreicht, bevor es zum erwarteten Ergebnis gelangt:
– Das Kind muß seine Empfindungen unterscheiden können, damit ihm immer bewußter wird, was in seinem Körper vor sich geht: das Bedürfnis spüren, die Möglichkeit es zurückzuhalten, die Freude über die Erleichterung, die man sich selbst verschaffen kann, das anschließende Wohlbefinden. Das Kind kann seine Ergebnisse mehr oder weniger und sukzessive mit Wohlgefallen erleben – etwas kommt aus seinem Körper heraus – oder als Verlust – etwas verläßt seinen Körper; dies sind sehr persönliche und intensive Empfindungen, die manchmal große Verunsicherung auslösen, ja mitunter sogar Angst.
– In der Folge muß es fähig werden, sich zurückzuhalten, zu fragen,

einen anderen Ort aufzusuchen, seine Hose auszuziehen. Es muß sich ohne Schwierigkeit auf den Topf setzen können und darf sich nicht zu viel bewegen (nehmen Sie einen wirklich stabilen Topf).
– Schließlich muß es mit dem, was von ihm erwartet wird, einverstanden sein. Wenn Sie warten, bis sein Organismus reif genug ist, und ihm diesen Vorgang als Gelegenheit schildern, zu den Großen zählen zu können, und wenn Sie ihm dabei klare Informationen geben: „In dem, was du ißt, gibt es Dinge, die dir helfen zu wachsen und die daher in deinem Körper bleiben und solche, die wieder herauskommen, weil sie nicht gebraucht werden", dann wird es keine allzu großen Probleme geben.

Wenn Sie ihm das zu erreichende Ziel als etwas Erstrebenswertes darstellen, das aber nicht eilt und auch keine Staatsaffäre ist noch zu Ruhm und Ehre gereicht, dann werden Sie sehen, daß es nach und nach sein Erstaunen, manchmal auch Überraschung und Unruhe, aber auch Freude und Stolz zeigt. Es wird sein Geschäft mit großer Überzeugung verrichten.

Ohne sich bewußt zu sein, erlebt das Kind, daß sein Körper wirklich zu ihm gehört, sein Ich ist und es darüber verfügen kann. Es hat die Zeit und das Recht, „nein" zu sagen, um passives Sich-Unterordnen zu verweigern und um dann von sich aus „ja" zu sagen, aus freien Stücken und eigenem Antrieb. Es ist ein eigenständiges Wesen. Sprechen Sie mit ihm, erklären Sie ihm, hören Sie seinen Fragen und allem, was es ausdrückt, zu. Sie werden spüren, welchen Entwicklungsschritt es nach dieser Erfahrung getan hat.

● *Den Rhythmus des Kindes respektieren*

Das Kind spürt, daß man von seinem Körper etwas erwartet, von seinem Innersten, das es selbst noch nicht gut kennt. Lassen wir ihm Zeit oder machen wir Druck und sind fordernd? Fühlt sich das Kind verpflichtet, sich zu unterwerfen oder zu kämpfen, um sein Bedürfnis nach Selbstbestimmung zu verteidigen?

Indem Bettelheim von der „Rolle der Sauberkeitserziehung bei der Entwicklung des Selbstwertgefühls, des Gefühls, eine Person mit allen Rechten zu sein" spricht, schreibt er folgendes: „Es ist wahr, daß man, wenn dieser Vorgang nicht gut verläuft, zu der Meinung kommen kann, sein eigenes Leben nicht zu steuern, da

andere uns ihren Willen aufzwingen, selbst was das gute Funktio-
nieren unseres Körpers betrifft. Wir sollten auch das Umgekehrte
nicht außer acht lassen: daß dieselbe Erfahrung viel dazu beitra-
gen kann, einer Person das Gefühl zu geben, daß sie ihr Leben
selbst in der Hand hält, daß sie ein Wort mitzureden hat und ha-
*ben kann, was das Funktionieren ihres Körpers betrifft." ***

Unsere Gesellschaft erwartet Sauberkeit und dies so schnell wie
möglich. (Sicherlich wollen wir uns so schnell wie möglich den Win-
delkauf ersparen, aber denken wir an unsere Großmütter, die sie ge-
waschen haben!) Natürlich werden Sie als Erwachsener nicht Macht
über das Kind ausüben, was man früher getan hat, indem man die
Säuglinge schon auf den Topf setzte zu einer Zeit, zu der sie noch
nicht einmal wirklich sitzen konnten, und das ziemlich lange, um sicher zu gehen, daß auch ein Ergebnis erzielt wurde. Dies hat mehr
mit Dressur oder Konditionierung zu tun als mit Erziehung. Wenn
Sie zu sehr und zu bald darauf beharren und Ihr Kind schimpfen, wird
es sich fügen oder Ihnen die Stirn bieten und Gefahr laufen, daß sich
Schwierigkeiten manifestieren, Unruhe, Einschlafschwierigkeiten
und ähnliches. Später lebt es dann in dem Glauben – immer unbewußt –, daß „der andere" ihm etwas gegen seinen Willen aufzwingen
will und daß sein Körper nicht wirklich ihm gehört. Es bleibt immer
ein gewisses Mißtrauen bestehen, das Bedürfnis, sich verteidigen zu
müssen oder andererseits die Tendenz, sich zu fügen – all das würde
man nie mit der Sauberkeitserziehung (oder Erziehung im allgemeinen) in Verbindung bringen.

Wenn Ihr Kind wirklich lange braucht, um sauber zu werden, seien
Sie trotzdem lieber noch geduldiger und ermutigend als bestrafend
und abwertend. Ihr Kind unternimmt wie alle anderen Kinder
enorme Anstrengungen, und es kann sehr schmerzhaft sein, dabei
nicht ernst genommen zu werden. Traurigkeit, aggressives Sich-Auf-
lehnen, Schlafschwierigkeiten, schwindendes Selbstvertrauen können die Folge sein. (Vielleicht werden Sie es auch gegen die Erwartungen Ihrer Umgebung schützen müssen.) Sie werden sehen, daß es
oft unsere Sichtweise ist, die aus einer Sache ein Problem werden
läßt oder nicht. Fangen Sie auf jeden Fall nicht zu bald an. Warten Sie

---

* Bruno Bettelheim: *Die Geburt des Selbst.* The Empty Fortress. Erfolgreiche
Therapie autistischer Kinder. Fischer Tb.

auf den Zeitpunkt, wo Ihr Kind reif dazu ist und auch Lust darauf hat. „Das geht ja (fast) von allein!"

In dieser Zeit werden Sie immer wieder hören, wie Ihr Kind „Ich" zu sagen beginnt. Es wird sich bewußt, daß es ein eigenständiges Wesen ist! So wie es auch anfängt, sich als Mädchen oder Junge zu erleben, eine Entdeckung, die unterschiedliche Gefühle hervorruft; der Körper der anderen beginnt, interessant zu werden. Auch hier können Sie Ihr Kind begleiten, wohlwollend und manchmal amüsiert! Zeigen Sie Respekt und sprechen Sie die Dinge mit einfachen Worten an: Ist es nicht wunderbar, wie Mama oder Papa zu sein oder der oder diejenige, die es sehr gern hat?

3. Kapitel

Trennungen

Trennungen begleiten einen Menschen sein ganzes Leben lang. Auf diese Verbindung mit der Mutter, einem unbeschreiblichem Wohlbefinden in ihrem Inneren, folgt die Entdeckung, daß wir anders sind, eigene Wesen. Nachdem wir die Angst und die Unruhe des Alleinseins überwunden haben, erspüren wir nach und nach unser wahres Ich, nicht das, welches seinen Eltern Freude bereiten wird, sondern seine einzigartige Ursprünglichkeit mit ihren individuellen Fähigkeiten.

Dies bedeutet aber gleichzeitig, daß wir in unserem Inneren auch etwas von unseren Eltern haben. Dadurch fühlen wir uns wirklich mit dem Leben verbunden, spüren unsere Wurzeln, sicher genug, um Abstand nehmen zu können.

Sein eigenes Leben zu leben bedeutet, innerlich selbständig und unabhängig zu sein, eine notwendige Voraussetzung, um tiefe und echte Bindungen knüpfen zu können.

Die Entwicklung eines Menschen ist ein langsames, im Stillen und Verborgenen durchgeführtes, aber nie zu Ende gebrachtes Werk.

Unser Kleinkind befindet sich am Treppenabsatz dieses Weges.

Kinder erzieht man nicht für sich. Man begleitet sie auf diesem Weg, damit sie sich selbst kennenlernen und ihr Leben leben können, spontan, unabhängig und mit all der Kraft, die sie im ersten Lebensjahr aufbauen konnten.

Das Thema Trennungen ist auch für die Eltern eine besonders wichtige Angelegenheit. Und nicht zu vergessen eine sehr befreiende, die auf dem Vertrauen in das Kind und sein enormes Wachstumspotential aufbaut, auch wenn es mit Verzicht, ja sogar Schmerz verbunden ist. Sie verpflichtet einen jeden von uns, zu reifen und somit Fortschritte zu machen.

Was heißt das nun in der Praxis?

Wir sehen wieder, wie sehr die Geburt des ersten Kindes – wie auch die der folgenden – im allgemeinen eine Art Revolution nach sich zieht, deren Ablauf völlig unvorhersehbar ist: Jede junge, selbständige Frau stellt mit Erstaunen fest, wie eng die Bindung zu Ihrem Kind ist und wie unvorstellbar es ihr erscheint, es zu verlassen. Gerade hat sie noch von einem Kind geträumt, und jetzt ist sie ständig damit konfrontiert, daß sie müde ist und sich in ihren eigenen Aktivitäten eingeschränkt fühlt.

Am häufigsten überrascht Sie in diesen ersten Wochen die Intensität dessen, was zwischen Ihrem Säugling und Ihnen, seiner Mutter abläuft: die Art, wie er Sie beansprucht und wie Sie sich in gewisser Weise als seine Lebensgrundlage fühlen, so als ob es Ihre Anwesenheit, Ihre Gedanken und natürlich Ihre Liebe sind, die ihn am Leben erhalten. Es ist gar nicht vorstellbar, ihn allein zu lassen oder ihn jemand anderem zu überlassen.

Ja! So ist das Leben. Der kleine Mensch ist abhängig von der Pflege und Aufmerksamkeit eines anderen, um überleben zu können, physisch wie psychisch. Ohne eine innige Beziehung würde das Kind sich in sich selbst zurückziehen. Solch ein Verhalten könnte schwerste krankhafte Auswirkungen haben.

Diese besondere Situation dauert nicht lange an. Je mehr sich ein Wesen entfaltet, desto weniger ist es von seiner Mutter und der Umgebung abhängig. Wir haben schon gesehen, wie es sich seiner Eigenständigkeit bewußt wird; wie es seine Fähigkeit, allein zu sein, entwickelt, Freude am selbständigen Spielen entdeckt, daran, sein Leben zu leben in der Gegenwart seiner Mutter genauso wie in deren Abwesenheit.

Den Wechsel zwischen Ihrer Anwesenheit und Zeiten, wo Ihr Kind von jemand anderem betreut wird, mit Worten zu begleiten, hilft ihm am besten, mit den ersten Trennungen umgehen zu lernen, sich auch schon darauf einstellen zu können.

Zu Hause sind Sie für Ihr Kind da.

Während der Trennung sind nicht mehr Sie, sondern jemand anderes für es da. Was diese Situation so interessant und wichtig für das Kind macht, ist die Feststellung, daß es sich nicht um einen Verlust, sondern um eine vorübergehende Entfernung handelt: „Mama kommt immer wieder zurück". Schritt für Schritt wird es lernen, Sie in Gedanken weiterhin bei sich zu haben und Vertrauen in Ihre

Rückkehr entwickeln. Man kann ihm auch sagen: „Deine Mama siehst du jetzt nicht, aber sie denkt an dich". Geistig und psychisch findet hier ein wichtiger Prozeß statt.

Trennungen können von ihrer dynamischen Seite betrachtet werden. Wie aber kann man sie vollziehen, damit sie zu einer für alle Beteiligten positiven Erfahrung werden?

Wir wollen zuerst drei verschiedene Stufen von Trennungen unterscheiden:

- kurze Trennungen, für die man sein Kind zeitweise nur einige Stunden lang jemandem anvertraut;
- wesentliche Trennungen, was die Dauer und Organisation betrifft, meist dann, wenn die Mutter wieder in ihren Beruf einsteigt;
- Trennungen – vorhersehbar oder auch nicht – von mehr oder weniger langer Dauer: wegen einer Krankheit, einer Geburt, einer Reise.

Wir werden hier nicht auf längerwährende Trennungen eingehen: verlassen werden, Tod, geistige Krankheit der Mutter, Kinder, deren Eltern das Sorgerecht entzogen werden muß.

Aber wir wollen die Trennungen unter folgenden zwei Gesichtspunkten betrachten:

- dem der Mütter und Väter, für die es schwierig ist, wenn sie ihr Kind jemandem anvertrauen sollen oder wenn sie es in einer großen Gruppe Kinder leben sehen;
- dem des Säuglings: Die Erfahrung hat mich gelehrt, daß man mit diesem Thema nicht spaßen soll. „*Sie gewöhnen sich alle daran*", sagt man. Ja, viele gewöhnen sich daran, hat es den Anschein. Was soll das heißen, sich gewöhnen?

In dem Maße, wie schrittweise erlebte Trennungen für ein kleines Kind eine positive Möglichkeit zu reifen sein können, so sehr können schmerzhaft erlebte Trennungen im Kind negative Spuren hinterlassen: Unsicherheit und Verletzbarkeit, die Tendenz, ständig Schutz zu suchen beim Erwachsenen, eine grundlegende Unruhe. All dies wäre auf jeden Fall vermeidbar.

Im folgenden werden wir unter diesem Blickwinkel einige bereits angesprochene Gedanken wieder aufnehmen, indem wir mit der Perspektive des Säuglings beginnen.

Dieses zehn Monate alte Kind krabbelt über eine kleine Mauer. Vielleicht wollte es anfänglich seiner Mutter folgen, die sich auf der anderen Seite befand. Aber plötzlich war es ganz in diese Aktivität vertieft und hat seine Mutter völlig vergessen. Sie hat ihm keine Hilfe geleistet, obwohl sie aufmerksam in der Nähe war.

Diese Bilder zeigen meiner Ansicht nach sehr deutlich, wozu ein kleines Kind fähig ist, was es alles aus sich heraus entwickeln kann, ohne sich an einen Erwachsenen um Hilfe wenden zu müssen. Welche innere Kraft wird hier aufgebaut! Es wird fähig, in der Gegenwart eines anderen allein zu sein, um eines Tages auch von jemand anderem entfernt bei sich und für sich sein zu können.

Wenn die Trennung noch bevorsteht

Sich zu trennen setzt voraus, daß man zusammen gelebt hat. Ihr Säugling hat die Schwangerschaft und seine ersten Tage und Wochen sehr nahe bei Ihnen verbracht, was manchmal als Symbiose bezeichnet wird. In dieser Zeit hat er sich durch Sie ernähren können und Wohlbefinden erfahren – in Liebe und Geborgenheit. Auf diesem Weg konnte er bereits etwas Vertrauen in das ihm noch kaum bekannte Leben gewinnen.

Sehr kleine Kinder, im Alter von drei, vier oder fünf Monaten sollten so viele positive Erfahrungen wie möglich sammeln, um in ihrem Inneren ein Gefühl von Sicherheit aufbauen zu können: die Überzeugung, daß ihre Mutter immer da ist, wenn sie sie brauchen, oder daß immer etwas Positives geschieht, wenn sie in Schwierigkeiten sind. Wenn sie Schmerzen hatten, haben sie immer die Erfahrung gemacht, daß diese keine zerstörenden Folgen haben. Ihre Nähe und Zärtlichkeit begleitet sie, die Schmerzen hören auf.

Dies sind die Erfahrungen Ihres Säuglings mit Ihnen. Sie werden ihm helfen, andere schwierige Ereignisse zu bewältigen. Mittlerweile wissen wir, daß Kinder, die in ihren ersten Lebensmonaten solch eine Sicherheit in der Mutterbeziehung erfahren haben, späteren Trennungen viel besser begegnen können.

Mit vier oder fünf Monaten fängt Ihr Kind an, aktiv zu werden, und wir haben schon gesehen, wie Sie es nach und nach einige Minuten allein spielen lassen können, später immer länger, und wie es dadurch diese Freude am Allein-tätig-Sein kennenlernt. Wir haben auch gesehen, daß ihm der Wechsel zwischen Selbständigkeit und Beziehung die Möglichkeit schafft, sich regelmäßig wieder zu sammeln und die eigene Kraft aufzubauen.

Andrea im Alter von sieben Monaten wird von ihrer Mutter erzogen, die große Freude an ihr hat. Nachdem sie sie gewickelt hat, legt sie sie in eine Wippe und spaziert mit ihr in allen Zimmern des Hauses herum. Sie spricht mit ihr – es erfolgt ein ständiger Austausch. Andrea hat gerne Leute um sich, aber sie erträgt es nicht einen Augenblick lang, allein zu sein. Wenn man sie mit ihren Spielsachen auf den Boden legt, fängt sie an zu weinen und interessiert sich nicht für die Gegenstände. Sie streckt die Arme aus, um aufgenommen zu werden.

Die Mutter des fünf Monate alten Demian fängt an, ihn nach einer sehr beziehungsvollen Pflegesituation in seinen Spielbereich zu legen, mit Spielsachen rundherum. Sie spricht mit ihm, sagt, daß sie ins Badezimmer geht und gleich wiederkommt.

Anfangs war Demian etwas überrascht, er blieb einfach liegen und weinte manchmal: Seine Mutter kam wieder zurück, sprach mit ihm und ging dann wieder. Sehr bald schon hat er die Hand nach einem nahen Gegenstand ausgestreckt, ihn bewegt, vor sich hin gelallt, ihn von neuem in Bewegung versetzt. Er fing im ganzen an, sich zu bewegen. Das dauerte einige Minuten, bis er zu brummen anfing.

Seine Mutter, die ihn, ohne daß er sie sah, beobachtet hatte, machte sich bemerkbar. Sie hat mit ihm gesprochen und ist eine kurze Weile bei ihm geblieben. In den folgenden Tagen konnte Demian immer wieder einige Minuten allein verbringen, aber es gab auch zahlreiche Situationen, wo er protestierte und weinte. Seine Mutter hat ihn dann in ihr Zimmer mitgenommen, wo sie gearbeitet hat und ihn auf einen kleinen Teppich gelegt. Dabei hat sie sich doch wieder gefragt, ob sie nicht noch eine Wippe kaufen sollte.

Sie hat Demian trotzdem immer wieder angeboten, in diesem für ihn in seinem Zimmer vorbereiteten Spielbereich zu spielen, wobei sie oft nach ihm schauen ging. Eine Woche später war sie sehr glücklich und gerührt, ihn dabei zu beobachten, wie er sich jauchzend nach einem seiner Spielgegenstände ausstreckte und sich im ganzen dabei in Bewegung setzte.

Nach zwei Wochen konnte Demian schon eine gute Viertelstunde alleine in seinem Zimmer bleiben, mit wirklichem Vergnügen an seinen Erfahrungen und Entdeckungen.

Zu anderen Zeitpunkten lag er am Boden in dem Zimmer, wo seine Mutter arbeitete. Er konnte sie sehen, schien sich aber nicht sehr um sie zu kümmern, da er sehr vertieft war in das Betrachten seiner Hände oder eines nahen Gegenstandes.

Beide Kinder sind glücklich, schlafen und essen gut, und ihre Eltern freuen sich an ihnen.

Ausgehend von unserem Gesichtspunkt können Ihnen solche Beobachtungen helfen, sich darüber klar zu werden, was Sie sich selbst für Ihr Kind wünschen:

– einen Säugling, der das Leben in ständiger Beziehung zu jemand anderem kennenlernt;
– einen Säugling, der große Freude aus dieser Beziehung schöpft, aber *auch* die Freude kennenlernt, sich allein beschäftigen zu können: Er erprobt, im Laufe von für ihn sehr fröhlichen Augenblicken, eine mögliche Entfernung zwischen seiner Mutter und ihm, eine zwar noch begrenzte Entfernung, die aber weder Leere noch Schmerz für ihn bedeutet.

● **Mit acht bis neun Monaten**

Ihr Kind fängt an, sie besser von sich unterscheiden zu können, genauso wie es Sie von anderen unterscheiden lernt, die es nun wie Fremde erlebt, auch wenn es Ihre Freunde sind. Diese Freunde können ihm angst machen, und wie bei vielen anderen Kindern dieses Alters kann es sein, daß es zu weinen beginnt und sich zurückziehen möchte.

Georg liegt auf dem Wickeltisch, seine Mutter ist bei ihm. Eine gute Freundin kommt ihn besuchen: Er beobachtet sie, interessiert, fast verzückt. Sie streckt ihm daraufhin die Arme entgegen, um ihn aufzunehmen, worauf er sich sofort seiner Mutter zuwendet und zu weinen beginnt, so als ob die Entdeckung, das Kennenlernen Freude bereitete, aber nur unter der Bedingung, daß er mit seiner Mutter in Verbindung bleiben kann.

Ihr Kind wird eine sehr wertvolle Erfahrung machen, wenn es andere, fremde Personen in Ihrer sicheren Gegenwart kennenlernen kann. Es wird in Ihrer Anwesenheit weniger Angst haben und sich später, wenn es dann alleine mit diesen Personen ist, stärker fühlen.

Man hört oft: „*Es ist es gewöhnt, viele Leute zu sehen, es wird keine Schwierigkeiten mit Trennungen haben.*" So ist es aber nicht. Viele Menschen zu sehen bedeutet nicht, Trennungen besser ertragen zu können. Zahlreichen Kindern, die schon viele Menschen erlebt hatten, gelang es trotzdem mit dreieinhalb Jahren nicht, sich von ihrer Mutter zu lösen, um im Kindergarten zu bleiben, oder sie klebten, sogar mit sechs, sieben Jahren, noch an ihrer Mutter, wenn sie in ein fremdes Haus kamen. Tatsächlich geht es darum, genug Vertrauen aufgebaut zu haben sowie innere Ruhe und Sicherheit.

● Mit zehn, zwölf, fünfzehn Monaten

Ein wenig später kann eine Trennung für Ihr Kind Anlaß für Traurigkeit und Kummer sein oder vielleicht sogar als Beeinträchtigung seiner Macht über die eigene Mutter erlebt werden: Sie ist nicht da, wenn es das Kind wünscht. Ihr Säugling erfährt, daß Sie ein von ihm unabhängiges Leben führen (für manche ist das sehr schmerzhaft). Aber er hat verschiedene Möglichkeiten, um dieser Situation zu begegnen und daran zu wachsen.

Wir werden etwas später sehen, welche Schwierigkeiten oder bedauernswerte Folgen es nach sich ziehen kann, wenn Kinder zu früh und ohne ausreichend darauf vorbereitet worden zu sein, von ihrer Mutter getrennt werden. Deswegen sind Orte, wo Eltern und Kinder sich begegnen können, so wertvoll: Die Kinder können dort ihre Erfahrungen etwas abseits von ihren Eltern machen, aber im Bewußtsein, daß sie jederzeit zu ihnen zurückkehren können. Sie entdecken andere Kinder, andere Spiele, ihre Erfahrungen werden reichhaltiger, stabiler, und die Abhängigkeit zu den Eltern scheint sich zu verringern. *

Sie erleben das auch spontan, wenn Sie Freunde oder Familienangehörige treffen.

Denken Sie daran, daß für ein Kleinkind nicht nur die Augenblicke einer Trennung von Ihnen schwierig sind: Eine Krippe, eine Tagesmutter oder ein Au-pair-Mädchen wechseln zu müssen, beunruhigen es und hinterlassen Traurigkeit. Dies bedeutet aber auch, daß es sich gut entwickelt: Die von ihm geknüpften Beziehungen sind wichtig, es nimmt teil am Leben. Außerdem erlebt ein sensibles Kind den Verlust eines geliebten Menschen viel stärker als ein weniger sensibles, auch wenn es dies nicht merklich zum Ausdruck bringt.

---

* In Frankreich haben die von Françoise Dolto ins Leben gerufenen „Maisons vertes" die Funktion von Betreuungseinrichtungen für alle, d. h. Eltern wie Kinder werden dort gemeinsam empfangen. Anwesend sind auch mehrere Fachleute, mit denen Eltern wie Kinder reden können. Viele Betreuungseinrichtungen beziehen ihre Anregungen mittlerweile von dort. Vielleicht gibt es in Ihrer Nähe auch so etwas Ähnliches?

Die ersten Erfahrungen

● *Beim Abschiednehmen*

Da Sie sich mittlerweile bewußt sind, daß ein Säugling ein aktives Wesen ist und sein Leben selber leben kann, werden Sie diese kleinen Trennungen nicht ohne sein Mitwirken ablaufen lassen. Bevor es dazu kommt, werden Sie ihm erklären, daß sich jemand anderes um ihn kümmern wird und warum (Sie müssen einkaufen gehen, arbeiten, mit seinem Vater auf Geschäftsreise fahren), und Sie sagen ihm, wer ihn in Ihrer Abwesenheit betreuen wird. Sie erklären ihm auch, daß Sie sicher wieder zurückkommen, daß Sie in dieser Zeit an ihn denken werden und ihn sehr lieb haben, auch wenn Sie nicht da sind. Ihr Kind wird Ihre ganz persönlichen Worte am meisten schätzen und am besten verstehen.

Sollten Sie unsicher sein, so mit Ihrem Säugling zu sprechen, dann beunruhigen Sie sich nicht: Fangen Sie damit an, wenn Sie mit ihm allein sind – wahrscheinlich werden Sie an seinem intensiven Blick Ihrer Stimme gegenüber spüren, wie sehr er an dem, was Sie sagen, interessiert ist –, und das wird Sie ermutigen.

Wir können nicht immer verhindern, daß unser Kind leidet, aber wir können ihm Möglichkeiten anbieten, damit besser umzugehen. Wir haben schon davon gesprochen, daß diese Art, mit ihm zu reden, seine Schwierigkeiten nicht aufhebt, aber es wird sich weniger hilflos und nicht so allein fühlen.

Ihr Kind sollte die Möglichkeit haben, die neue Betreuungsperson in Ihrer Gegenwart kennenzulernen. Beschäftigen Sie sich auch mit ihm in deren Anwesenheit – nicht nur, damit diese Sie und Ihren Umgang mit Ihrem Kind kennenlernt, um es ähnlich machen zu können, sondern auch, damit Ihr Kind mit ihr vertraut werden kann. Da es merkt, wie gut sie beide sich zu verstehen scheinen, wird es Sympathie entwickeln und Vertrauen gewinnen. In Ihrer Abwesenheit kann es dann eine Verbindung zwischen diesem Menschen und Ihnen herstellen, was ihm ein wenig das Gefühl verleiht, als ob Sie selbst anwesend seien.

Sollte Ihr Kind nicht zu Hause betreut werden, ermöglichen Sie es ihm, den anderen Ort in Ihrer Begleitung kennenzulernen – es wird weniger verwirrt sein, wenn es mit Ihnen die neuen Geräusche und

Gerüche, vielleicht auch neue Kinder kennenlernen kann. Geben Sie ihm Worte für seine mit Ihnen gemachten Entdeckungen, damit es Orientierungsmöglichkeiten findet, um verstehen zu können, was mit ihm geschieht.

Seien Sie sich aber im klaren, daß ein Kind Zeit braucht, um sich vertraut zu machen mit neuen Umständen. Planen Sie mehrere Tage ein, vielleicht sogar einige Wochen, wenn es sich um eine längere Trennung handelt oder wenn Ihr Kind besonders sensibel oder noch sehr jung ist. (Lesen Sie auch im folgenden Kapitel den Abschnitt über die genaue Organisation von Betreuungseinrichtungen.)

Sicher wird ihm auch ein persönlicher Gegenstand mit Ihrem Geruch in der Zeit helfen, wo Sie nicht da sind, aber nur dann, wenn Sie auch die erwähnten Vorkehrungen treffen.

Während Ihrer Abwesenheit können Sie Ihrem Liebling sehr helfen:

– wenn die neue Betreuungsperson den Gedanken wachhält, daß seine Eltern oder auch Geschwister weiterhin da sind, daß Sie an ihn denken und bald wiederkommen. Wichtig ist auch, daß sie das Kind in einer Ihnen sehr ähnlichen Art und Weise pflegt und ihm das auch sagt;
– wenn es vertraute Möglichkeiten vorfindet, bewegungsmäßig aktiv zu werden! (Denken Sie daran, daß ihm einige seiner bevorzugten Spielsachen zur Verfügung stehen.)

● *Beim Wiedersehen*

Das Wiedersehen verläuft von Kind zu Kind sehr unterschiedlich. Die Rückkehr der Mutter bedeutet nicht immer sofortigen Trost: Oft dreht das Kind den Kopf weg und streckt seine Hände der Person entgegen, die sich um es gekümmert hat oder klammert sich sogar an dieser fest.

Es kann auch vorkommen, daß es weint oder extrem euphorisch wird: Jeder drückt seine Gefühle auf seine eigene Art und Weise aus. Die Intensität der Reaktion entspricht oft mehr dem Temperament des Kindes als dem möglichen Trennungsschmerz.

Kann man wirklich genau wissen, welche Gefühle sich beim Säugling ansammeln? Erleichterung, Freude, zurückgehaltene Tränen, die er jetzt endlich in der sicheren Nähe der Mutter weinen kann? Groll? Vielleicht auch.

Wie kann man ihn beim Wiedersehen am besten begleiten?

Ihn küssen, anlachen, kitzeln, all das tun, was er gern hat, um so schnell wie möglich Traurigkeit und Zweifel zum Verschwinden zu bringen?

Warum ihm nicht einfach Zeit lassen, damit er von selbst auf Sie zukommen kann, während Sie mit ihm sprechen, ihn beobachten, ohne allzu sehr zu drängen?

Wenn Ihr Kind noch ganz klein ist, werden Sie oft sehen, daß es den Blick zuerst abwendet, um Sie ein wenig später besonders intensiv zu beobachten, als ob es sich Fragen stellen würde. Dann plötzlich erhellt sich sein Gesicht: Es hat Sie wiedergefunden. Mit seiner ganzen Energie wendet es sich Ihnen erneut zu.

Manchmal können Sie es auch unterstützen: „Du schaust traurig aus, bist du verärgert? Du siehst, daß ich dir versprochen habe, zurück zu sein, wenn du aufgewacht bist …, daß sich Pauline um dich kümmern wird während meiner Abwesenheit."

Die sechs Monate alte Maria war zwei Stunden bei einer Freundin ihrer Mutter, die sie sehr gut kennt. Sie haben zusammen ruhig gespielt, es gab keine Tränen oder auffallende Schwierigkeiten.

Bei der Rückkehr ihrer Mutter streckt Maria ihre Arme Theresa entgegen, die sie auf den Arm nimmt, sich aber zum Gehen fertig macht. Die Mutter spricht mit Maria: „Du warst vielleicht etwas traurig oder beunruhigt und hast dich gefragt, ob ich wiederkomme." Maria beobachtet sie, festgeschmiegt in den Armen der Freundin. „Du siehst, daß ich immer wieder zurückkomme."

Theresa beugt sich zur Mutter, um ihr Maria in die Arme zu geben, die sich jedoch weigert. Die Freundin ist etwas irritiert. Sie gehen bis zur Wohnungstür, worauf die Mutter fragt: „Was wirst du machen? Willst du mit Theresa fortgehen?"

Maria blickt zwei-, dreimal von der einen zur anderen, bis sie ihrer Mutter plötzlich die Arme entgegenstreckt. Die Mutter nimmt sie auf, und Maria schmiegt sich an sie und schaut Theresa beim Abschied noch nach. Mutter und Tochter haben sich wieder gefunden.

Ein solcher Säugling wäre sicher nicht wirklich irritiert von einem schnellen Abschied seiner Betreuerin. Trotzdem stellt sich die Frage, ob Ruhe, problemloses Einschlafen und Sicherheit, die man im Gesichtsausdruck von manchen Kindern beobachten kann, sich nicht auch aus der Summe vieler dieser kleinen Erfahrungen ergeben, wo das Kind wahrgenommen, angehört und sein Rhythmus akzeptiert wurde?

„Dadurch schafft man sich nur Probleme! Kinder sind einfach so: Sie finden sich in den Armen von jemand anderem wieder, weinen ein wenig, beruhigen sich aber auch sehr schnell und gewöhnen sich daran, mit aller Welt zusammen zu sein."
Erste Antwort: Viele Kinder gewöhnen sich nicht so schnell daran, und die Steifheit ihres Körpers und ihr Gesichtsausdruck verraten, wenn man sie gut beobachtet, wieviel Anstrengung es sie kostet, nicht anzufangen zu weinen.

Zweite Antwort: Genau darum geht es uns – die Gefühle des Säuglings und seine Eigenständigkeit beim Verstehenlernen dessen, was geschieht, zu respektieren.

Oft hingegen schaukelt man ein Kind, versucht, es zum Lachen zu bringen: Es lacht, und alle Welt ist zufrieden. In Wirklichkeit wurde dem Säugling von den Erwachsenen sein Mitspracherecht genommen und die Möglichkeit zu lernen, mit einer solchen Situation umzugehen. Statt dessen lernt er, daß es oft notwendig ist, etwas anderes auszudrücken als das, was man fühlt.

Ist es nicht eine Chance für Ihren Säugling, von sich aus wieder auf sie zuzugehen und seine eigenen Gefühle dabei spüren zu können? Es ist das Kind selbst, das auf Sie zukommt, es sind nicht Sie, die es mit Gewalt zu sich nimmt.

Es kann auch vorkommen, daß Ihr Kind regrediert, wenn Sie einige Tage abwesend waren. Das kann Sie stören, verärgern und Sie veranlassen, es zu drängen. Oft ist einem so ein Verhalten tatsächlich unangenehm!

Versuchen Sie trotzdem, ihm auf dieser Ebene zu begegnen: Es möchte wieder Kräfte sammeln, sich ganz klein machen in Ihren Armen. Wahrscheinlich wird es dann schnell wieder seinen eigenen Weg gehen, weil sein Bedürfnis nach Nähe befriedigt worden ist.

Antworten Sie ihm und vertrauen Sie ihm!

Die dreijährige Nathalie hat drei Monate bei ihrer weit entfernten Großmutter verbracht. Ihre Mutter mußte sich einer Operation

unterziehen, und die Arbeit ihres Vaters befindet sich außerhalb
der Stadt. Ihr fünfjähriger Bruder Simon war in der Zwischenzeit
bei einer Freundin. Als die Familie wieder vereint ist, weigert sich
Nathalie, ihre Mutter zu begrüßen, sie meidet ihren Blick, scheint
verstört zu sein, was sich zwei, drei Tage hinzieht. Die Mutter
spricht mit einer Psychologin. Daraufhin fragt sie ihre Tochter:
„Vielleicht bist du böse auf mich, weil du glaubst, daß ich dich
weniger gern habe als Simon, da er nicht so weit weg von mir war?
Aber ich habe dich zur Großmutter geschickt, weil ich wußte, daß
sie sich sehr gut um dich kümmern wird, während ich im Kran-
kenhaus bin. Außerdem habe ich Simon in dieser Zeit auch nicht
gesehen. Was meinst du dazu?"
Nathalie schweigt einige Sekunden. Mit gesenktem Kopf hört sie
zu und scheint nachzudenken. Dann hebt sie den Kopf und wirft
sich mit einem strahlenden Lächeln ihrer Mutter an den Hals,
gibt ihr einen langen Kuß und setzt ihr Leben fröhlich fort.

Sorgen Sie sich nicht, wenn das Wiedersehen mit dem Vater viel
leichter zu verlaufen scheint als das mit der Mutter. Das kommt oft
vor. Die Intensität der Beziehung mit ihm kann sicher nichts so Tief-
gehendes auslösen wie jene mit der Mutter.

Im nächsten Kapitel wollen wir uns noch einige spezielle Möglichkeiten anschauen, die Ihnen helfen können, wenn Sie wieder zu arbeiten beginnen.

Länger andauernde Trennungen

Vielleicht müssen Sie sich auch für längere Zeit von Ihrem Kind
trennen: wegen der Geburt eines weiteren Kindes, eines besonderen
Familienereignisses wegen oder weil Sie zur Kur fahren müssen.

● **Wie das Kind diese Trennungen erlebt**

Vielleicht ist es für Sie von Interesse, zu wissen, daß man im Verhalten von Kindern unter drei Jahren, die ein oder zwei Wochen von anderen Bezugspersonen betreut wurden, gewisse Konstanten entdeckt
hat. Sie wurden von John Robertson beschrieben, und einige wenige
möchte ich hier kurz zusammenfassen.

Oft spielt sich folgende Szene ab: Das Kleinkind paßt sich in den ersten zwei, drei Tagen relativ gut an, wird dann traurig und ist weniger aktiv. Dann läßt sich eine Art Wendung beobachten: Es beginnt sich um einiges stärker an die es betreuende Person zu binden, so als ob es seine Eltern in den Wind schreiben würde.

Wenn die Trennung länger dauert und die Bezugsperson aufmerksam ist, kann sich eine wirklich intensive Beziehung entwickeln. Die Rückkehr der Eltern bedeutet eine erneute Trennung. Oft dauert es mehrere Wochen, bis das Kind sein Vertrauen zu seinen Eltern wiedergefunden hat. Es ist notwendig, daß diese ihm mit Worten und großem Wohlwollen seinen widersprüchlichen Gefühlen gegenüber helfen.

Seien Sie daher umsichtig, wenn Sie an eine Trennung denken. Acht Tage können ein sehr kleines Kind schon durcheinanderbringen. Es ist möglich, daß es einige Tage nach Ihrer Rückkehr und mit Ihrer Hilfe und Geduld wieder Vertrauen schöpft und entspannt ist. Es kommt aber auch vor, daß sich in einem kleinen Kind Unruhe verbreitet, sobald es seine Mutter nicht mehr sieht, und Einschlafschwierigkeiten die Folge sind. Es liegt an Ihnen zu beurteilen, ob Ihr Wegfahren jetzt wirklich notwendig ist oder ob Sie noch etwas warten können. Später kommen Ihnen diese Jahre, wo Ihre Kinder so klein waren, sehr kurz vor.

Manche glauben trotzdem, daß diese Trennung für den sehr jungen Säugling noch nicht so bedeutend ist, *„da er ja noch nicht versteht; Hauptsache, er trinkt schon sein Fläschchen"*. Sie spüren es, und wir sind uns dessen völlig gewiß: Diese Aussage stimmt nicht, im Gegenteil.

Wenn Sie wegfahren müssen, schauen Sie zumindest, ob Sie Ihr Kind mitnehmen können, gemeinsam mit einer ihm gut bekannten Person, und bereiten Sie die Reise gut vor.

● *Der Kindergartenbeginn*

Ein anderes Beispiel für Trennung ist der Eintritt in den Kindergarten, der oft zu früh erfolgt: Viele Kinder schwärmen schon davon, vor allem, wenn Sie ältere Geschwister haben. Sie wollen dorthin gehen, und ihre Mütter sind damit meist sehr zufrieden.

Die Schwierigkeiten zeigen sich nicht in den ersten Tagen, sondern im Laufe von Wochen oder während des Jahres: große Müdigkeit, Schnupfen und kleine Krankheiten, Augenblicke, wo Kinder

100

ohne ersichtlichen Grund zu weinen beginnen. Darauf Ihre Verwunderung: *„Sie wollte doch unbedingt dorthin gehen."*

Manchmal drückt das Kind sein Unwohlsein nicht durch Tränen aus, sondern dadurch, daß es sich sehr an den Erwachsenen klammert oder womöglich sogar sehr unruhig ist. Diese Verhaltensweisen werden dann gerne dem kindlichen Wesen zugeschrieben, was aber im Grunde nur Ausdruck davon ist, daß es mit einer neuen Situation nicht zurecht kommt.

Seine Eltern in sich tragen

Die folgenden Informationen sollen Ihnen helfen, besser zu verstehen, was hier eigentlich vor sich geht.

Sobald das Kind ein Jahr alt ist, fängt es an, zu begreifen, daß ein Spielzeug, das es nicht mehr sieht, trotzdem noch existiert. Sein Spiel, allein oder mit Erwachsenen, besteht oft darin, diese Gegenstände zu verstecken, Traurigkeit oder Besorgtheit vorzutäuschen, um sie dann wiederzufinden. Das Kind lernt etwas kennen, was man mit „Objektpermanenz" bezeichnet hat.

Gleichzeitig wird es sich, wenn es beispielsweise in der Krippe ist, klar, daß seine Eltern, die es nicht sieht, trotzdem weiter existieren und jeden Abend wieder zurückkommen. In gewisser Weise hat es bereits ein „intellektuelles" Wissen von der Existenz seiner Eltern.

Mittlerweile weiß man aufgrund vieler Beobachtungen, daß ein Kind sich nach und nach eine andere Art von Sicherheit aufbaut: Jene von der „Permanenz" der Liebe seiner Eltern. Zu dieser so bedeutenden Erkenntnis zu gelangen, dauert oft viel länger, als man meinen möchte.

Wir haben gesehen, daß sich ein Säugling durch die Aufmerksamkeit und Liebe seiner Bezugspersonen „am Leben erhalten" fühlt. Mit zwei, drei Jahren ist es immer noch wichtig, von dieser Liebe getragen zu werden, aber es geht nun darum, sie in seinem eigenen Inneren zu spüren. So als ob die durch die Nähe der Eltern erweckte Vitalität nun für immer im Inneren des Kindes bleibt. Es kann nun anfangen, sich ohne Verlust zu entfernen.

Die Arbeit mit Erzieherinnen und Tagesmüttergruppen hat uns viele konkrete Informationen über diesen Vorgang gebracht. Hier einige Beispiele:

Eine Tagesmutter erzählt: „Wenn ich mit dem 13 Monate alten Kevin über seine Eltern spreche, erhellt sich sein Blick, so als ob er wieder Kraft geschöpft hätte. Dies geschieht oft, wenn er ein wenig müde ist, weit weg mit seinen Gedanken. Meist nimmt er anschließend seine Tätigkeit wieder auf, ist aktiver und lebendiger."

Manche haben sich gefragt, ob es klug ist, so mit den Kindern über deren Eltern zu sprechen, auf die Gefahr hin, daß die Kinder zu weinen anfangen. Alle waren sich letztendlich einig, daß der Kummer eines Kindes, das bei der Erwähnung seiner Mutter zu weinen anfängt, so groß ist, daß es nicht allein und ohne Trost gelassen werden sollte. Man gelangte zu der Überzeugung, daß es für jedes Kind notwendig ist, mit ihm über seine Eltern zu sprechen – mit den für jede Situation notwendigen Abstufungen natürlich –, auch und vor allem dann, wenn seine Eltern im Moment Schwierigkeiten haben oder nicht immer in bester Verfassung sind.

Das brachte auch Françoise Dolto zum Ausdruck, als sie gesagt hat: „Ein Kind muß sich in seinen eigenen Eltern verwurzeln können."

„Weil deine Mutter zur Zeit Probleme hat, hat sie mich gebeten, mich um dich zu kümmern." Das heißt: „Ich bin vielleicht ruhiger als sie, aber weil sie diese Ruhe für dich wünscht, hat sie mich gebeten, mich um dich zu kümmern. Deine Mutter will nur das Beste für dich."

So fühlt sich das Kind immer wieder belebt durch die zu den Eltern hergestellte Beziehung.

Im Kindergarten einer Familienkrippe verhält sich der 27 Monate alte Fabio etwas einzelgängerisch.
Ich beobachte, wie er allein auf seinem Lastwagen sitzend mit tiefer Stimme zu sich selbst spricht und immer wieder „Papa" murmelt. Diese Beobachtung teile ich der Erzieherin mit. Beim nächsten Wiedersehen spielt Fabio mit dem Telefon. Die Erzieherin nimmt am Spiel teil: „Hallo, ja hier ist Papa, ja, ich schreibe gerade einen Brief ..." Fabios Gesicht fängt an zu strahlen, und er setzt das Gespräch fort. Wir entdecken einen Wortschatz bei ihm, den wir nie vermutet hätten.
Dieser kleine Junge lebte getrennt von seinen Eltern auf Sparflamme. Die Veränderung in seinem Verhalten hat angedauert, und beim nächsten Zusammentreffen war er aktiver bei der Sache.

Die ersten gemeinsamen Spiele – erste Beziehungen entstehen

Eine andere Erzieherin hat uns folgende Geschichte erzählt:

„Im Alter von 31 Monaten weinte Florian jeden Montagvormittag, wenn ich ihn bei seiner Tagesmutter für die Kindergartenstunde abholte. Eines Tages erzählte mir diese, daß er in der Früh mit seinem Vater auf dem Mofa gekommen war. Im Auto fragte ich ihn dann, ob er einen Helm getragen hätte und fragte ihn nach seinem Papa und dem Mofa. Während er auf die Fragen antwortete, beruhigte er sich. Dann hielten wir vor dem Zweiradgeschäft, damit er mir „Papas Mofa" zeigen konnte. Es war auffallend. Er war wie ausgewechselt.

In der Folge fuhren wir jeden Montagmorgen denselben Weg. Es war wie ein Ritual. Florian weinte kurz beim Abschied von der Tagesmutter, aber er beruhigte sich, sobald wir über seinen Papa und das Mofa sprachen. Nach einigen Wochen weinte er überhaupt nicht mehr.

In einer anderen Familienkrippe nimmt ein zweieinhalbjähriger Junge am Kuchenbacken teil.
Ich bin erstaunt, daß er überhaupt nichts spricht, obwohl er aktiv mitmacht. Er ist geschickt, sein Blick sehr anwesend. Als seine Mutter kommt, beachtet er sie kaum, sondern setzt sich neben ein

kleines Mädchen und spricht mit ihr in einer schon sehr gewähl-
ten Sprache. Dann geht er den Kuchen kosten, während er sich
weiter mit anderen Kindern unterhält. Die Anwesenheit seiner
Mutter schien ihm die nötige Sicherheit zu geben, um seine gan-
zen Möglichkeiten ausschöpfen zu können.

Dieser Prozeß wird als „Verinnerlichung des Elternbildes" bezeichnet (Bild deswegen, weil es nicht die Realität der Eltern ist, die das
Kind in sich trägt, sondern eine emotionale und intellektuelle Vorstellung davon).

Diese Arbeit der Verinnerlichung verläuft schrittweise. Wenn sie
früh genug begonnen wird, kann sie sich während des dritten Lebensjahres und der ersten Hälfte des vierten konsolidieren.

Die „innere Trennung" ist daher nicht ein Distanznehmen, sondern
vielmehr ein In-sich-Zurückziehen in der Form, daß sich das Kind,
ohne Energie zu verlieren oder sich zu beunruhigen, entfernen kann.
Auch wenn das Weggehen von einer gewissen Traurigkeit oder von
Kummer begleitet ist, wird das Kind dadurch nicht allzu sehr irritiert.

Erst nachdem dieser Prozeß stattgefunden hat, kann ein kleines
Kind gut und ohne allzu große Anstrengung vier bis fünf Stunden
hintereinander ohne seine Eltern verbringen. Auch mehrere Tage von
seinen Eltern getrennt zu leben, ist dann für ein Kind nicht automatisch damit verbunden, daß seine Vitalität verloren geht oder eine
entstehende Unruhe bleibende Spuren hinterläßt.

Schauen Sie sich doch mal um: Kinder unter drei Jahren fühlen
sich entgegen der landläufigen Auffassung kaum wirklich wohl im
Kindergarten. (Das soll nicht heißen, daß es keine Ausnahmen gibt
oder kleine Gruppen, wo den Kindern mehr Aufmerksamkeit gewidmet werden kann, besser wären.)

Schlecht verlaufene Trennungen

Jedes Kind ist anders, wie wir immer wieder festgestellt haben, aber
es hat den Anschein, daß die meisten Menschen keine richtige Vorstellung davon haben, was eine Trennung für *dieses* besondere Kind
bedeutet. Jeder vergrößert oder verringert die Schwierigkeiten, je

nach seiner eigenen inneren Einstellung. Ich möchte selbst nicht dramatisieren, es geht mir darum, daß Sie sich besser vorstellen können, was auf dem Spiel steht. Dadurch können Sie leichter passende Lösungen finden.

Schlecht vorbereitete oder schlecht verlaufene Trennungen können sehr bedauerliche Konsequenzen haben. Unabhängig von offensichtlichen Schwierigkeiten (Protest, Schnupfen, Verdauungsproblemen oder Schlafstörungen), die nicht unbedeutend sind, da sie ermüden und den Forscherdrang der Kinder beeinträchtigen, kann ein Kind in seinem Inneren noch tiefer liegende Spuren davontragen:

– Unsicherheit, sobald Sie in ein anderes Zimmer gehen und Ihr Kind Sie nicht mehr sieht. Es klebt an Ihnen, ist anhänglich und fürchtet sich vor jeder neuen Person, die ins Haus kommt: Dies ist ein Zeichen für seine Sorge, daß jederzeit wieder eine Trennung erfolgen könnte.

– Unsicherheit, die entweder Rückzug, Inaktivität oder besondere Unruhe hervorrufen kann;

Zwei Kinder von zweieinhalb Jahren treffen an einem für sie neuen Ort ein, wo viele Leute sind. Während sich das eine vorsichtig, aber mit Interesse zu orientieren beginnt, Menschen und Gegenstände beobachtet, hat das andere schon viermal lachend das Zimmer durchlaufen (wobei es sich zweimal angestoßen hat). Es hat einem Erwachsenen die Zeitung aus der Hand genommen und ist einem anderen auf den Schoß gehüpft. Seine Mutter meint voll Stolz: „Er geht in den Kindergarten, er muß mit anderen zurechtkommen und seine Sachen verteidigen."

Heutzutage kommt es häufig vor, daß das lebendige, überall herumlaufende und sich anderen aufdrängende Kind mehr geschätzt wird: „Es weiß sich zu verteidigen", heißt es dann. Gegen wen oder was? Gegen die Aggression der anderen? Gegen die eigene Unsicherheit, weil es sich allein und wehrlos fühlt? Ein gewisser Teil seiner Entwicklung kann dadurch stimuliert werden, aber geschieht dies nicht auf Kosten eines ruhigen und starken Vertrauens in sich selbst und die anderen, das es ermöglicht, nicht von vornherein andere anzugreifen?

– Schwierigkeiten bei jeder Veränderung im Leben: So als ob jedes Mal ein alter Schmerz geweckt werden würde: z. B. Unsicherheit beim Klassenwechsel, beim Aufbruch in die Ferien, oder die bloße Verweigerung, eine Nacht bei einem Freund zu verbringen;

– mangelndes Selbstwertgefühl. Es hat den Anschein, als ob jedes Kind, das unvorbereitet von seinen Eltern getrennt wurde, den Eindruck hat, dies sei wegen seines schlechten Verhaltens geschehen, vielleicht zu Unrecht, aber so empfindet es: Es war böse, und deswegen wurde es abgeschoben. Jedes Kind erlebt dies auf seine Weise, aber alle, die dabei gelitten haben, sind in ihrem Selbstwertgefühl angeschlagen. Sie haben tief in ihrem Inneren das Gefühl, weniger als die anderen von ihren Eltern geliebt zu werden oder von der Betreuerin, den Kameraden. Später fühlen sie sich womöglich weniger wert als ihre Arbeitskollegen. Sie wissen sehr wohl, daß Erfahrungen der frühen Kindheit in uns Erwachsenen Spuren hinterlassen, deren wir uns nicht mehr bewußt sind, die aber trotzdem viele Verhaltensweisen erklären. Es sind dies sehr überraschende, weil irrationale und doch sehr heftige Reaktionen.

– Angst, sich emotional auf Beziehungen einzulassen. Wenn ein Kind immer wieder verschiedenen Menschen, mit denen es sich gut verstehen konnte, anvertraut worden ist, dann gewinnt es den Eindruck, daß Beziehungen nicht andauern und Trennungen schmerzhaft sind. Daher ist es besser, sich nicht zu sehr darauf einzulassen. Man kann sich also die Folgen für spätere soziale und persönliche Beziehungen vorstellen.

Und wie geht es Ihnen bei diesem Abenteuer?

Vor allem Ihnen als Mutter, denn die Mütter sind es, die mehr Schwierigkeiten mit Trennungen haben.

Oft sind der Wunsch, sich einmal vom Kind zu entfernen, und die Angst, es dann tatsächlich zu tun, parallel vorhanden. Genauso wie Schuldgefühle und die Angst, es könnte sich bei anderen wohler fühlen oder die Bitterkeit darüber, daß jemand anderer es verwöhnen und sich das Kind von uns entfernen könnte, wo wir doch so viel persönlichen Trost finden bei dem Gedanken, daß dieses kleine Wesen sein Leben und seine Lebensfreude von uns bezieht.

Viele von uns scheinen tiefe Freude in der Beziehung zu ihrem Säugling zu erleben. Die Aussicht, daß sich dies ändern könnte, ist schwer vorstellbar, aber wir wagen es nicht, darüber zu reden, aus Angst, ausgelacht und kritisiert zu werden: „*Glucke, du bewachst es zu viel, du bist zu ängstlich.*"

Denken Sie daran, daß die Intensität Ihrer Bindung die natürlichste ist, die es gibt und daß sie ein unglaubliches Geschenk für das Kind ist. Wenn es nach und nach seinen Wunsch zeigt, die Welt selbst zu erforschen, merken Sie, daß Sie nicht immer unabkömmlich sind, auch wenn Sie noch immer die wichtigste Person bleiben. Auch hier können Sie Ihr Kind begleiten: Wenn Sie flexibel genug sind, werden Sie merken, daß es Ihnen helfen wird! Dies ist dann der Zeitpunkt, wo Sie sich wieder für andere Dinge interessieren können und Ihr Kind vielleicht unter einem anderen Blickwinkel betrachten: Die Freude beim Beobachten eines Kindes, das selbständig wird, kann Ihnen in gewisser Weise eine intellektuelle Zufriedenheit bereiten. Dadurch können Sie sich leichter aus einer zu engen Bindung und einem sehr eintönigen Alltag lösen und Abstand gewinnen. Ihr Kind ist einzigartig, aber Sie sind es auch.

Die politischen Parteien sprechen in ihren Programmen meist mit Überzeugung von Maßnahmen, die entweder die Arbeit der Frauen unterstützen oder zum anderen den Frauen ermöglichen sollen, zu Hause bei den Kindern zu bleiben. Die einen stellen sich gegen die anderen, und jeder glaubt, das Beste zu tun.

Und wenn es das Beste wäre, jeder Frau und daher jedem Paar die Möglichkeit zu bieten, die für Sie passende Lösung selbst zu finden? Hören wir auf, so zu tun, als ob wir die richtige Lösung wüßten, denn es existiert nicht nur eine richtige Lösung.

Es geht immer wieder um dieselbe innere Haltung: Jeder muß in sich selbst das für ihn Passende finden. Wagen wir es, uns vorher und jetzt, wo das Baby da ist, zu fragen: Wie kann ich mich als Mutter und wie können wir – Mutter und Baby – uns wohlfühlen?

Und Sie versuchen dann, das zu tun, was Sie brauchen, um diesen mittlerweile bekannten Wunsch zu realisieren: das, was Sie selbst möchten. Im Anschluß daran werden Sie nach Möglichkeiten dafür suchen oder auch nicht. Zumindest wissen Sie dann darum Bescheid, und die Enttäuschungen, Sorgen und Anstrengungen können besser zugeordnet und dadurch leichter bewältigt werden.

Wenn die politischen Parteien vorgeben, sich in dieser Sache auszukennen, bedarf es einiger Flexibilität, Einfühlungsvermögen und Vorstellungskraft, um Lösungen entwickeln zu können:

– für die Frauen, die beruflich arbeiten wollen (denn die Frauen zu Hause arbeiten auch!), ausreichende Betreuungseinrichtungen zu schaffen, die auch über die Möglichkeit verfügen, gut zu funktionieren, d. h. wirklich auf die Bedürfnisse der Kinder zu antworten;
– für die Frauen, die ihre Kinder lieber selbst erziehen, Möglichkeiten der Anerkennung zu finden, des Wiedereinstiegs, wenn die Kinder größer sind, damit sie dann eine qualifizierte berufliche Tätigkeit aufnehmen können.

Vergessen wir bei der Umsetzung unserer Wünsche die Bedürfnisse unserer Kinder nicht.

Jeder sollte die Möglichkeit haben, anderen seine wahren Gefühle zeigen zu können, ohne daß man ihn deswegen kritisiert oder es ihm übelnimmt. Sie werden sehen, daß Sie ein großes Bedürfnis verspüren werden, mit anderen Müttern zu sprechen und Ihre Gefühle auszutauschen. Betreuungseinrichtungen wie Eltern-Kind-Zentren oder Mütterberatungsstellen sind eine gute Möglichkeit, um zu erfahren, daß Sie nicht allein mit widersprüchlichen Gefühlen dastehen. Sie jemandem erzählen können, ohne gleich kritisiert zu werden, kann sehr beruhigend wirken.

Wenn es Ihnen gelingt, Schritt für Schritt Gelegenheiten wahrzunehmen, Ihr Kind für kurze Zeit jemand anderem zur Betreuung anzuvertrauen, dann werden Sie sehen, wie sehr ihm dadurch geholfen wird, Selbstbewußtsein zu entwickeln und Sicherheit darüber zu gewinnen, daß Sie immer wieder zurückkehren.

Wenn sich die Eltern trennen

Heutzutage kommt es gar nicht so selten vor, daß sich Eltern nur wenige Monate oder Jahre nach der Geburt eines Kindes trennen. Es geht hier nicht darum, nach den Gründen zu suchen (man kann nur immer wieder in Erinnerung rufen, welch große Neuorientierung die Ankunft eines Kindes erfordert), auch nicht darum, von den Spannungen zu sprechen, die diese Trennung sowohl bei den Eltern wie bei den Kindern und deren wechselseitiger Beziehung hervorruft. Dafür gibt es speziell ausgebildete Leute.

Normalerweise bleibt der junge Säugling bei seiner Mutter, aber der Vater kann den Wunsch haben, sich zu bestimmten Zeiten um das Kind zu kümmern, allein mit ihm oder zusammen mit dessen Geschwistern.

Was den Schmerz und die damit verbundene Verwirrung dieser Situationen betrifft, können klare und konkrete Überlegungen, die Organisation des täglichen Lebens betreffend, den Eltern sehr dabei helfen, sich nicht von ihren eigenen Gefühlen vereinnahmen zu lassen. Sie können eine Art Rettungsboje darstellen, an die beide sich anklammern können, da sie für dieses Kind Eltern bleiben, die das Beste für ihr Kind wollen.

Behalten Sie daher unsere Ausgangsüberlegungen und alles, was wir über Trennungen gesagt haben, gut im Auge.

Allem voran die Notwendigkeit, daß sich der sehr junge Säugling weiterhin physisch wie emotional sicher fühlt. Je jünger er ist, desto wünschenswerter ist es, daß er am selben Ort bleiben kann. Ein Ortswechsel (um z. B. zum Vater zu gehen) soll, wenn er wirklich notwendig ist, kurz sein und schrittweise vorbereitet werden. Geben Sie dem Vater als neuer Betreuungsperson möglichst genaue Angaben, und achten Sie darauf, daß diese Informationen auch befolgt werden, damit sich der Säugling durch die Kontinuität der Pflegesituationen sicher fühlt und nicht verwirrt wird durch eine völlig andere Behandlung.

Kurz und gut, es geht hier um all die Dinge, die wir schon in bezug auf die ersten Trennungen von der Mutter angesprochen haben. Sie sollten nicht nur dieselben Vorkehrungen treffen, wenn Sie in einer so speziellen Situation sind, sondern darüber hinaus sogar besondere Aufmerksamkeit darauf lenken, da sich das Kind ohnehin immer in einer Atmosphäre von Besorgnis und Unruhe befindet.

Essenszeiten und -gewohnheiten, Schlafrhythmus, bevorzugte Spiele (im Grunde das, was Sie auch machen, wenn Sie beruflich für zwei Tage wegfahren und Ihr Baby jemand anderem anvertrauen) schriftlich festzuhalten, kann auch in dieser schwierigen Situation helfen:
- sich als Eltern den Säugling als eine von der eigenen Geschichte unabhängige Person ansehen, die weiterleben muß;
- gemeinsam die Zeit zum Gespräch zu finden für die kleinen, sehr einfachen, aber wichtigen materiellen Dinge, unabhängig von der eigenen Konfliktsituation.

Es wird auch wichtig sein, sich daran zu erinnern, daß das Kind, je kleiner es ist, desto weniger lang eine Trennung von seiner Mutter verkraften kann: ein verlängertes Wochenende, Ferien von einer oder zwei Wochen. Das Problem ist nicht einfach, da der Vater zu Recht der Meinung sein wird, daß dies die Zeiten sind, wo er zu seinem Kind eine Beziehung aufbauen kann. Er hat dazu die Gelegenheit und will sie nützen. Aber er muß daran denken, daß das Kind im ersten oder zweiten Lebensjahr an einem unbekannten und von der Mutter entfernten Ort unsicher, ja sogar verängstigt sein wird. Schauen Sie, was wir darüber schon gesagt haben, unabhängig von jeder familiären Problematik. Wenn eine Trennung nicht sorgfältig vorbereitet wurde, wird der Säugling Schwierigkeiten haben, von den Absichten seines Vaters wirklich profitieren zu können.

Das Kind muß auch sicher sein können, daß es die Mutter nicht verlieren wird, wenn es sich seinem Vater anvertraut. Sonst wird es, ohne offensichtlichen Widerstand zu zeigen, sich in seinem Innersten diesem Vater gegenüber verschließen, da es mit dessen Gegenwart Angst oder leidvollen Schmerz verbindet. Bei einem längeren Aufenthalt kann es geschehen, daß der Säugling mit seinem Vater all das erlebt, was wir weiter oben schon beschrieben haben (siehe die Beobachtungen von Robertson): ein Anklammern als Ersatz, um die Verwirrung durch die Abwesenheit der Mutter auszugleichen, was aber das Wiedersehen mit ihr beim Heimkehren erschwert, das wiederum ein erneutes Herausgerissen-Werden bedeutet.

Und vergessen Sie auch nicht, Ihrem Kind mitzuteilen, daß es nicht die Ursache für die Trennung ist. (Erinnern Sie sich daran, daß es sich als Mittelpunkt der Welt fühlt!) Seien Sie in allen diesen Punkten sehr wachsam, da die Zukunft einer wechselseitigen Beziehung auf dem Spiel steht.

Ist das Kind noch sehr jung, sollte der Vater öfter auf Besuch nach Hause zur Mutter kommen (diese kann in dieser Zeit auch weggehen, wenn es zu schwierig ist, sie gemeinsam zu verbringen). Je weniger ein Kind in diesem Alter das Gefühl von Aufgeteilt-Werden empfindet, desto eher ist es später fähig, eine positive Beziehung zu seinen Eltern zu entwickeln, vor allem zu seinem Vater.

Auf lange Sicht geht es natürlich nicht darum, daß das Kind mit beiden Elternteilen zusammen ist, sondern daß es sein Selbst entwickelt, indem es sich auf eine vertrauensvolle Beziehung mit jedem von ihnen stützen kann (auch wenn man den Kummer und Schmerz darüber, nicht mit beiden gleichzeitig zusammen sein zu können, nicht leugnen kann).

Seien Sie nicht zu stolz über eine scheinbare Unbeschwertheit Ihres Kindes, die Sie glauben macht, daß es gegenüber solchen Veränderungen gleichgültig bleibt. Kinder haben eine unglaubliche Fähigkeit zu spüren – und zu erfüllen –, was ihre Eltern innerlich brauchen.

Versuchen Sie, Ihre Abwesenheit nicht mit Geschenken oder besonderen Erlebnissen auszugleichen. Ihr Kind weiß, daß Sie ihm das Wichtigste geben, indem Sie darauf schauen, was das Beste für es ist. Geschenke sind oft eine Art Verführung, und man vertraut meist nicht genug in die wertvolle Zeit des Zusammenseins bei gemeinsamen Aktivitäten, die viel reicher sind als Gegenstände.

Da Sie darauf bedacht sind, Ihr Kind Anteil nehmen zu lassen an allen Ereignissen, können Sie gemeinsam mit ihm seine Tasche packen, seine Kleidung und die Spielsachen auswählen, die es mitnehmen will. Helfen Sie ihm, auszudrücken, was es in diesen Tagen möchte oder auch nicht. Wenn es noch sehr klein ist, zeigen Sie ihm, was Sie vorbereiten.

Ihr Kind hat den Wunsch zu verstehen, was rund um seine Person passiert, mit seinem eigenen Leben, jetzt und in naher Zukunft: ob es bei seinem Vater bleiben wird oder nicht, ob es mit seiner Mutter zurückkommen wird, wann und vieles mehr. Nicht „gleich" oder „heute abend", sondern „nach dem Bad, nach dem Essen". Das kleine Kind braucht sehr genaue Erklärungen. Sein Vorstellungsvermögen von Zeit und Raum ist bei weitem nicht so wie das unsere.

Als Vater und neue Betreuungsperson können Sie ihm sagen: „Du bist hier in einem anderen Haus, und das ist vielleicht schwierig für dich. Ich werde versuchen, alles so wie deine Mutter zu machen, da ich möchte, daß du auch hier glücklich bist."

Vielleicht braucht es Zeit, um Vertrauen zu zeigen und aktiv mitzuwirken. Es wird auch seine tiefe Beziehung zu Ihnen als Vater bereichern, wenn Sie seine Zurückhaltung respektieren können und es nicht drängen.

Wir haben oft davon gesprochen, wie wichtig es ist, das Kind sich seinem Rhythmus entsprechend entwickeln zu lassen. Wenn es jetzt zu

Ihnen, seinem Vater kommt, ist überhaupt nicht abzusehen, wie es sich verhalten wird. Es wäre gut, wenn Sie es zuerst einmal beim Spielen beobachten, nicht um zu „schauen, welche Fortschritte es inzwischen gemacht hat", da es Ihnen das wahrscheinlich gar nicht zeigen will, sondern um auf das reagieren zu können, was es von Ihnen will. So kann es vorkommen, daß es die Spiele auswählt, die es früher, als es noch „klein" war, mit Ihnen zu Hause gespielt hat, wodurch es die Trennung in gewisser Weise aufzuheben versucht. Das gewährt eine Kontinuität, eine Verbindung mit dem, was es kennt und was ihm wesentlich ist. Es erwartet von Ihnen, daß sie beide sich „wie früher" fühlen. Wenn es davon gesättigt ist, wird es auch anderes von Ihnen erbitten – Spielsachen, Ausflüge oder andere Aktivitäten.

Es ist nicht immer einfach, diese Verhaltensweisen zu entschlüsseln, aber seien Sie sicher, daß Ihr Kind auch in dieser Situation, wie bei der Nahrung, *weiß*, was es braucht. Beobachten Sie es, lassen Sie sich von ihm führen.

Sicher kann niemand alles verstehen oder alle Wünsche erfüllen, aber durch Ihre aufmerksame Haltung wird Ihr Kind sicher und selbstbewußt. Es wird unbewußt spüren, daß Sie seine eigenständige Entwicklung unterstützen.

Beobachten Sie seine Lebensfreude, seine Energie und Dynamik.

Denn selbst wenn sie leiden, erstaunen uns Kinder durch ihr unglaubliches Potential zu leben, zu lachen, aktiv zu sein und die Welt entdecken zu wollen. Schließen wir sie nicht in ihrem Schmerz ein, auch wenn diese Vitalität zu manchen Zeiten schmerzhaft sein kann: Manchmal empfinden wir sie fast als Beleidigung in bezug auf unseren eigenen Schmerz, aber wenn wir loslassen können, kann sie ganz langsam wieder den Geschmack auf das Leben zurückgeben.

4. Kapitel

Betreuung, eine „Gebrauchsanweisung"

> Die Abhängigkeit eines Kindes zu lange aufrechtzuerhalten, ist genauso gefährlich für seine körperliche wie geistige Entwicklung wie ein zu frühes Sich-trennen-Müssen.(...) Damit der Prozeß der Loslösung positiv verlaufen kann, muß er den Reifungsmöglichkeiten des Kindes entsprechen.
>
> Myriam David

Mittlerweile haben Sie schon eine ziemlich klare Vorstellung davon, was eine Trennung für ein sehr kleines Kind bedeuten kann, wie wichtig es ist, auf sein Alter Rücksicht zu nehmen und welche Vorkehrungen zu treffen sind.

Vermutlich haben Sie schon bemerkt, daß ein Säugling, der in seinen ersten Lebensmonaten jemandem tagsüber zur Betreuung anvertraut wird, vor einer schwierigen Aufgabe steht. Zahlreiche Fachleute sind der Ansicht, daß man damit zumindest bis zur Mitte des zweiten Lebensjahres warten sollte, damit das Kleinkind bereits seine ersten Erfahrungen im Aufbau von Sicherheit und Selbstbewußtsein machen konnte. Diese Erkenntnis stützt sich auf viele Beobachtungen, aber da mehrere Faktoren mitspielen, ist es schwierig, eine allgemeingültige Antwort zu geben. Das Thema ist zu vielschichtig, als daß wir hier alle Bereiche ansprechen könnten.

Ich nehme an, die Lektüre der vorangegangenen Seiten wird Sie in der Ansicht bestärkt haben, daß die Krippe kein Ort ist, wo Fachleute *Ihre* Unzulänglichkeiten kompensieren können und Ihr Kind in vielfacher, frühzeitiger Form stimulieren werden, damit es für die Zukunft gerüstet ist. Sie können es zu Hause, vor allem im Säuglingsalter, weitaus besser unterstützen.

Schließlich haben Sie gesehen, wie wichtig es ist – um von anderen überhaupt profitieren zu können, d. h. um „sozialisiert zu sein" (wie man so schön sagt) –, wirkliche innere Sicherheit und Selbstvertrauen entwickelt zu haben. Beides kann hauptsächlich durch Ihre Nähe und Aufmerksamkeit entstehen.

Sie sollten daher nicht automatisch die Krippe oder Tagesmütter als die natürlichste Lösung in Erwägung ziehen, sondern schauen, ob auch eine andere Möglichkeit vorstellbar wäre. Fragen Sie sich auch, ob jetzt, wo ihr Baby da ist, es wirklich noch Ihr Wunsch ist, Ihr Kind von jemand anderem betreuen zu lassen. Eine Anmeldung verpflichtet nicht, man kann den Einstieg auch noch hinausschieben. Manchmal ist man erstaunt, Lösungen zu finden, an die man wenige Monate vorher nie gedacht hätte.

Wenn Sie trotzdem nicht in der Lage sind, es anders zu machen, oder wenn Sie überzeugt davon sind, daß dies die beste Lösung für Sie und Ihr Kind ist, wird es in eine Krippe oder zu einer Tagesmutter gehen. Es sei denn, Sie wählen eine andere Form der Betreuung, zu Hause, in Ihrer Verwandtschaft oder sonstwie.

Das Thema dieses Kapitels wird folgendes sein: Wie kann ein Erwachsener, der Ihren Säugling betreuen wird, ihm helfen, diese Zeit der Trennung von den Eltern ohne größere Beeinträchtigung zu erleben? Wie kann das Kind davon am besten profitieren?

Ist es überhaupt möglich, in den Betreuungseinrichtungen das umzusetzen, was wir für Kleinkinder als so wichtig erachten? Es ist schwierig und erfordert viel Ausbildungs- und Reflexionsarbeit von seiten der Leiterinnen, des Personals und der Tagesmütter. Zusätzlich dürfen Verwaltung und Politik die Umsetzung nicht verhindern, indem sie „Kontrollen" veranlassen, die von nicht kompetenten Personen durchgeführt werden oder indem sie übermäßige finanzielle Einschränkungen vornehmen.

Aber eine solche Umsetzung ist *möglich*, und ich habe es schon zu Beginn des ersten Bandes erwähnt, daß die hier geschilderte Auffassung von Hunderten Fachleuten für Kleinkindpädagogik umgesetzt und durch deren Erfahrungen bereichert wurde. Immer zahlreicher werden die Krippen, die sich dem anschließen. Seit gut 20 Jahren findet eine wirkliche Verbesserung statt, aber sie ist noch immer nicht ausreichend. Vielleicht müssen auch Sie zu diesen Verbesserungen beitragen.

Es gibt diesbezüglich gute Literatur, aber ich möchte ihre Aufmerksamkeit auf einige wichtige Punkte lenken, was unsere Sichtweise betrifft.

Die tägliche Betreuung

● *Die Krippe*

Ihr Säugling wird dort die meiste Zeit, in der er wach ist, verbringen. Daher ist dies auch der Ort, wo er die Erfahrungen machen wird – oder auch nicht –, die es ihm ermöglichen, sich selbst und seinen Körper kennenzulernen, den Raum wahrzunehmen, seine Fähigkeiten zu entwickeln, konzentriert, aufmerksam, zielstrebig zu handeln. Hier möchte er die Sicherheit erleben, die für seine Entfaltung notwendig ist.

Sie sollten daher schauen, welche Möglichkeiten ihm dafür angeboten werden.

Überprüfen Sie, ob die grundlegenden Notwendigkeiten erfüllt sind, und lassen Sie sich nicht zu sehr von einem besonders reichen Angebot an Aktivitäten verführen: musikalische, tänzerische, Sprachlernangebote, warum nicht Computer? Das kann alles interessant sein, aber es ist nur dann ein „Plus", wenn auch das Notwendige vorhanden ist: Sicherheit, nicht zuviele Bezugspersonen, Möglichkeiten für das Kind, seine Fähigkeiten autonom einzusetzen.

Hüten Sie sich vor besonderen Verlockungen, die sehr typisch für unsere Gesellschaft sind. Sie verbergen oft eine tiefer sitzende Leere.

Das Kind schrittweise vorbereiten

Wie wir im vorangegangenen Kapitel gesehen haben, ist es absolut notwendig, das Kind allmählich auf die neue Betreuung vorzubereiten. Erfahrene Krippenleiterinnen beraumen mindestens drei Monate ein, damit ein Säugling, ganz gleich in welchem Alter, seine ersten Tage in der Krippe ohne negative Folgen verbringen kann. Dies ist die Zeit, die er braucht, um von innen heraus diesen zweiten Ort als bekannt und von seinen Eltern als bewohnt und belebt zu erfahren. Unter der Voraussetzung, daß es dort eine feste Bezugsperson für ihn gibt, kann er sich dann auch völlig sicher fühlen und nicht wie aufgeteilt in zwei Bereiche.

Eine Bezugsperson

Eine bestimmte Betreuerin ist für ihn verantwortlich und wird ihn möglichst oft selbst füttern und wickeln, damit er sich leichter orientieren kann und vor allem seine Zuneigung nicht auf zu viele verschiedene Personen verteilt. Es besteht sonst die Gefahr, daß die Kinder sich daran gewöhnen, keine wirklichen Beziehungen zu knüpfen, da es in diesem jungen Alter noch unmöglich ist, sich an mehrere Personen wirklich zu binden. Unter solchen Umständen kommt der Säugling nicht wirklich zu dem Gefühl, geliebt zu werden als jemand, dem Interesse und Aufmerksamkeit zuteil wird. Daß dies aber notwendig ist, um sich harmonisch entwickeln zu können, haben wir schon gesehen. Es ist auch für einen Erwachsenen nicht möglich, das individuelle Verhalten von zehn oder fünfzehn Kindern kennenzulernen. Die Betreuerinnen haben immer wieder bestätigt, wie sich ihr Interesse für die Arbeit verändert hat, als sie für vier, fünf oder sechs bestimmte Kinder (je nach Alter) verantwortlich wurden.

Aufgrund des vorgegebenen Stundenplans kann die verantwortliche Person nicht immer die ganze Zeit während der Anwesenheit eines Kindes da sein, aber sie wird den Übergang regeln und alles Wichtige für die einzelnen Kinder weitervermitteln. Darüber hinaus ist sie auch die Ansprechsperson für die Eltern. Die Einteilung des Stundenplans muß auf diese Umstände Rücksicht nehmen.

Die innere Erlebniswelt des Kindes sollte man sich genauso wie sein äußeres Verhalten immer vergegenwärtigen.

Die Teilnahme der Eltern

Schauen Sie, ob es möglich ist, am Leben Ihres Säuglings Anteil zu nehmen, da es wichtig für ihn ist, daß Sie miteinbezogen werden. Der Säugling möchte im Lauf des Tages die Gegenwart seiner Eltern spüren, um sie weiterhin verinnerlichen zu können. Es läßt sich aber schwer über Sie sprechen, die Bedürfnisse und Besonderheiten des Augenblicks beschreiben, die kleinen familiären Ereignisse erwähnen, die sehr wichtig für das Kind sind, wenn die Eltern keine Zeit in der Krippe verbringen können.

Der Respekt gegenüber der selbständigen Bewegungsentwicklung

Auch in Gruppen ist es möglich, Kindern eine anregende Umgebung vorzubereiten, aber es erfordert großen Einsatz von seiten der Leiterin und des Personals und oft auch die Unterstützung der Eltern.

Ruhe und Sicherheit

Ihr Säugling braucht Ruhe und Sicherheit. Und es ist auch in einer Gruppe möglich, die Kleinen von den Größeren zu trennen, in ihren eigenen Spielbereichen und vielleicht durch ein entsprechendes Gitter abgeschirmt. Hier können sie in einem geschützten Rahmen all die bereits beschriebenen Erfahrungen machen, so lange, wie es ihrem Bedürfnis und Rhythmus entspricht, mit geeigneten Spielmaterialien und ohne von den Größeren bedrängt zu werden.

Beobachten Sie die Säuglinge, die – ohne diesen sicheren Rahmen – so recht und schlecht bis zur Mitte des Fliesenbodens kriechen. Sie ergreifen ein Spielzeug, das ihnen sofort aus der Hand genommen wird, ohne verstehen zu können, wie das vor sich ging: Kann ein Gegenstand plötzlich verschwinden? Kann sich die Fähigkeit zu kontinuierlichem Spiel auf diese Art gut entwickeln in einer Zeit, wo sich nachweislich die Nervenbahnen ausbilden? Die Säuglinge fangen plötzlich zu weinen an, rufen um Hilfe und haben wenig Möglichkeiten, in ihrem Inneren die Sicherheit zu entwickeln, von der wir gesprochen haben.

Wenn die Kinder dann anfangen, alles zu erforschen, sich aufzurichten und zu gehen, sorgen Sie auch dann für einen begrenzten Raum mit Materialien, die ihrem Alter und ihren neuen motorischen Fertigkeiten entsprechen. Die vorhandenen Spielsachen sollten einladend und geordnet angeboten werden.

Es gibt immer noch Einrichtungen, wo Kindern diese Möglichkeiten nicht zur Verfügung stehen.

Der elf Monate alte Willi gilt als weinerlicher Junge, der „nur an den Erwachsenen hängt und nichts tut". Eine Betreuerin hat ihn aus seinem Bett genommen und freundlich auf einen Teppich am Boden gelegt. Einige Minuten bleibt er regungslos liegen, fängt an zu krabbeln und findet einen Ring, an dem er saugt und den er zum Rollen bringt. Er bewegt sich weiter vorwärts, zieht sich an einem Kaminvorsprung hoch, auf welchem ein Aquarium steht, das er interessiert beobachtet. Ein wenig später gelangt er – mit einigen Schwierigkeiten – wieder nach unten, jammert etwas, erblickt einen Würfel, an dem er lutscht und krabbelt von neuem los bis zu einem Schaukelpferd. Er versucht sich daran hochzuzie-

hen, was ihm aber nicht gelingt, da sich dieses permanent bewegt. Er ärgert sich, bewegt sich weiter vorwärts, findet ein Stoffbuch, eine nackte Puppe, die er beide berührt, und setzt seine Reise fort – mit etwas verlorenem Blick.

Die Eltern wissen, daß ihr Kind zu Hause aktiv und selbständig ist. Hier irrt er ziellos herum, und auch die Betreuerinnen glauben, daß es ihm nicht sehr gut geht. Aber kann er überhaupt seine Fähigkeiten ausschöpfen mit all diesen unpassenden Gegenständen, die kaum dazu geeignet sind, aktiv zu forschen, zu experimentieren und seine Motorik zu entwickeln?

Mit zwei Jahren beteiligt sich ein Kind in der Familie an zahlreichen Aktivitäten. Betreuungseinrichtungen sind in dieser Hinsicht meist gut ausgerüstet: Materialien, um motorische wie intellektuelle Fähigkeiten zu entwickeln und sich mit den Erwachsenen zu identifizieren (mit einer Garage und Autos spielen, mit Puppen spielen, kochen, basteln und vieles mehr). Manche Eltern sind deswegen fast besorgt. *„Zu Hause können wir ihnen das alles nicht bieten."* Vielleicht lassen Sie sich inspirieren, aber zu Hause finden die Kinder ja das richtige Leben vor.

Freuen Sie sich nicht zu früh über Gruppenaktivitäten, wenn sie zu bald durchgeführt werden. Denken Sie an die reichen Möglichkeiten eines Kleinkindes, selbst tätig zu werden und einfallsreich zu spielen, wenn es seine Versuche den eigenen Vorstellungen entsprechend, so lange es will, unternehmen kann.

Seien Sie sich bewußt, daß hinsichtlich Ihrer Mitarbeit im Krippenalltag das Personal immer bestrebt ist, mit den Eltern zusammenzuarbeiten. Trotzdem zeigt die Erfahrung, daß oft Unsicherheit und wechselseitiges Mißtrauen vorherrschen. Letztendlich ist jeder vom anderen eingeschüchtert. In der Krippe ist man oft der Meinung, daß Eltern zu viel fordern und kann daher ihre Erwartungen schwer akzeptieren. Die Eltern wiederum glauben, daß die Fachleute es besser wissen und fühlen sich kritisiert.

Wenn es doch möglich wäre, die gegenseitige Angst abzubauen! Haben Sie den Mut, über Ihr Kind, seine Vorlieben oder Schwierigkeiten und über seine Bedürfnisse zu sprechen, und schauen Sie, wie weit im Rahmen der betreffenden Krippe darauf Rücksicht genommen werden kann. Meistens sind die Betreuerinnen sehr dankbar dafür. Versuchen Sie, als Eltern und Fachleute zusammenzuarbeiten, da jeder das Kind ja so gut wie möglich unterstützen möchte.

Wenn Sie das Gefühl haben, daß es nicht möglich ist, miteinander zu sprechen, seien Sie vorsichtig und suchen Sie vielleicht nach einer anderen Lösung.

Denken Sie daran, daß der Beruf der Krippenbetreuerin oder Erzieherin von Kleinkindern noch sehr jung ist, bei weitem noch nicht ausreichend geachtet wird und einer wirklichen Ausbildung bedarf: Für ein Gemeinschaftsleben sind besondere Vorbereitungen zu treffen, damit die Kinder nicht darunter leiden. An diese Berufe werden bestimmte Ansprüche gestellt, die unbedingt erfüllt werden müssen, da es um die Zukunft Ihres Kindes geht.

Wenn sich Ihr Kind in einer schwierigen Phase befindet – Entwicklungsverzögerung, Unruhe, Aggressivität, körperliches Unwohlsein –, dann kann es sich um eine innere Schwierigkeit handeln oder aber um äußere Umstände, die Ihrem Kind Probleme bereiten.

Daher ist es wichtig, mit den Personen, die sich um ihr Kind kümmern, zu sprechen. Sonst besteht die Gefahr, daß Sie glauben, es ginge Ihrem Kind bei seinen Betreuerinnen nicht gut, während die Betreuerinnen der Meinung sind, es läge an Ihnen, und Ihr Kind steht allein dazwischen.

Erinnern Sie sich daran, daß Fachleute der Kleinkindbetreuung sich einig sind: Man kann immer einen Fortschritt beobachten, nachdem man gemeinsam über ein Kind gesprochen hat (Betreuerin, Krippenleiterin, Eltern, Psychologin, vielleicht auch Kinderärztin), oft sogar ohne den wahren Grund für sein Unwohlsein verstanden zu haben. Irgend etwas ist durch solch ein Gespräch in Bewegung gekommen; das Kind entwickelt sich wieder weiter. Seine Dynamik kommt von neuem zum Ausdruck.

Wenn dies noch nicht ausreicht, schauen Sie, ob die bereits angesprochenen Bedingungen erfüllt sind (Sicherheit, Einbeziehen und Vergegenwärtigen der Eltern, Einsatz seiner Fähigkeiten). Manchmal handelt es sich um sehr einfache Dinge.

Denken Sie auch daran, daß für einen jungen Säugling die Zeit sehr lang werden kann: Die Trennung von Ihnen kann dem Kind wie eine Ewigkeit vorkommen. Versuchen Sie daher, diese Zeit so kurz wie möglich zu halten. Oft können Arbeitszeiten besser eingeteilt werden; Vater und Mutter können sich abwechseln beim Hinbringen und Abholen.

Wenn das Notwendige der erwähnten Voraussetzungen erfüllt ist, die Schwierigkeiten aber weiter bestehen, zögern Sie nicht, einen Kinderpsychologen oder Ihren Kinderarzt zu Rate zu ziehen. Je früher Sie sich darum kümmern, desto schneller können die Schwierigkeiten behoben werden.

● *Die Tagesmutter*

Auch wenn Sie sich für eine Tagesmutter zur Betreuung Ihres Kindes entscheiden, sollten Sie das Kapitel über die Krippen lesen: Die Prinzipien sind dieselben, vor allem was die Vorbereitung betrifft, die Möglichkeiten, damit das Kind seine Fähigkeiten entfalten kann, eine begrenzte Trennungszeit und das Prinzip, daß Sie allein die Eltern sind und bleiben.

Die Bedeutung der **Vorbereitung** ist im Zusammenhang mit einer Tagesmutter genauso groß wie für die Krippe. Sie sollte sich auch hier über mehrere Wochen erstrecken, damit der Säugling das Gefühl der Sicherheit bekommen kann, daß seine Eltern weiter existieren, wieder zurückkommen und die wichtigsten Bezugspersonen bleiben. Hat er diese Gewißheit nicht, ist er einerseits jeden Tag von neuem einem Verlusterlebnis ausgesetzt, das er tagsüber mit einer anderen freundlichen Person kompensieren muß, andererseits wird er jeden Abend einen weiteren Verlust erleben und muß sich erneut wieder an seine Familie gewöhnen.

Daraus resultieren oft Müdigkeit, häufiges Weinen, reduzierte Vitalität und eine Art innere Aufteilung im Kind: Es führt zwei unterschiedliche Leben, anstatt daß es das eine als Fortsetzung des anderen erlebt.

Wenn es Ihnen ein Anliegen ist, daß Ihr Kind Sicherheit, Vertrauen und innere Ruhe erlebt, dann muß es eine Einheit zwischen diesen beiden Lebensbereichen spüren, gewissermaßen eine Übereinstimmung zwischen Ihnen und der Betreuungsperson wahrnehmen können.

Was auch immer Ihre Erfahrungen mit Tagesmüttern oder Krippen sein werden – Sie sind und bleiben die Eltern, d .h. die wichtigsten

Personen für Ihr Kind (Schauen Sie, ob Sie tatsächlich als solche wahrgenommen werden!). Scheuen Sie sich nicht, über Ihre Überlegungen zu sprechen, über das, was Ihnen wichtig erscheint und worauf Sie Wert legen. Es ist die Aufgabe einer Tagesmutter, Sie Ihrem Kind gegenüber zu vertreten, es geht nicht darum, es besser zu machen als Sie.

Damit Ihr Kind sich nicht plötzlich zwei Müttern gegenüber befindet, haben Sie Vertrauen zu sich (vielleicht hat Ihnen dieses Buch dabei geholfen): Sie bleiben lebenswichtig für Ihren Säugling, sprechen Sie viel über ihn mit seiner Tagesmutter, über seine Erlebnisse bei Ihnen, über Ihre Wünsche und Vorstellungen.

Manchmal ist es schwierig, sich vor einer anderen Mutter selbst als Mutter zu fühlen, vor allem, wenn diese älter und „erfahren" ist (welche Qualität auch immer diese Erfahrung hat). Es kann sein, daß Sie sich in Gegenwart dieser Mutter innerlich als Kind erleben und sich dadurch eingeschüchtert, befangen und verunsichert fühlen. Sich dessen bewußt zu werden, kann schon eine große Hilfe sein.

Sie können sich gemeinsam über Ihr Kind unterhalten, über seine Aktivitäten und Empfindungen. Dabei geht es nicht vorrangig um eine mehr oder weniger große Kompetenz (als Erzieherin), sondern um die Fähigkeit, das Kind wahrzunehmen. Versuchen Sie, miteinander und nebeneinander dieses kleine Wesen kennenzulernen und nicht, sich zu vergleichen oder zu überbieten in ihrer Wahrnehmung.

Wenn Ihr Säugling weint und etwas teilnahmslos wirkt oder wenig Appetit hat, ist es besser, sich nicht bloß auf diese Symptome zu fixieren, sondern mit der Tagesmutter über sein Wesen im allgemeinen zu sprechen und dabei nicht die Freude zu verbergen, die Sie mit und an ihm haben – er könnte es Ihnen übelnehmen. Besser wahrgenommen wird er wieder mehr Lebensfreude verspüren, und es wird ihm ohne Zweifel bald besser gehen. Haben Sie Vertrauen, beobachten Sie ihn: Sie sind seine Fürsprecherin seiner Tagesmutter gegenüber, deren Anliegen es sicher auch ist, daß es ihm bei ihr gut geht.

Ihr Kind lebt sein Leben, aktiv und eigenständig, in dieser wie in jeder anderen Situation. Wenn Sie als Eltern dies wirklich bedenken, dann werden Sie auch die richtigen Worte finden, um Ihr Kind und sein Leben zu begleiten. Und Sie können auch dabei viel Zufriedenheit erleben. In gewissem Sinne haben sie sich „gemeinsam bemüht"!

Bewahren Sie sich trotzdem Ihre kritische Einstellung: Die meisten Tagesmütter sind guten Willens und versuchen im allgemeinen auch einen guten Eindruck zu erwecken, aber nicht alle verfügen über die erforderlichen Fähigkeiten und die nötige Geduld, um ihre Aufgabe zu erfüllen, vor allem wenn sie sich um mehrere Kinder kümmern.

Manche bieten meist mit viel Mut finanziellen Schwierigkeiten oder Beziehungsproblemen die Stirn. Die ständige Auseinandersetzung mit Kindern – oft haben sie sich diese Arbeit gewählt, um ihre eigenen Kinder aufzuziehen – ruft bei ihnen wie bei den Eltern die eigene Vergangenheit wach. Darüber hinaus ist es schwer, in einer Situation, wo sie wenig Möglichkeiten haben auszugehen, Abstand zu gewinnen.

(Wir können daher für Tagesmütter nur immer wieder auf die Notwendigkeit hinweisen, sich zusammenzuschließen und zahlreiche Gelegenheiten zu suchen, sich auszutauschen über ihre Erfahrungen im Beruf wie im Privatleben, die unweigerlich eng nebeneinander liegen.)

Wenn Sie bestimmte Sorgen haben, schieben Sie diese nicht hinaus, sondern versuchen Sie, Lösungen zu finden, entweder selbst oder indem Sie Beratungsstellen aufsuchen. Kinderfürsorge, Sozialhelfer, Kinderärzte werden immer offener und aufmerksamer in dieser Hinsicht. Es genügt vielleicht, daß Ihrer Tagesmutter geholfen wird, und die Unterstützung, um die Sie gebeten haben, kann ihr vielleicht sehr nützlich sein.

Die Bildung von Familienkrippen bietet diese Gelegenheiten zum Austausch sowie Möglichkeiten, um Abstand zu gewinnen für Tagesmütter wie Eltern.

Scheuen Sie sich daher nicht, Ihren Umgang mit Ihrem Säugling zu erklären, seine Zeiten und vieles mehr. Das Leben eines Säuglings besteht aus einer Folge von vielen kleinen Details, die unbedeutend erscheinen mögen, es aber nicht sind. Schauen Sie gemeinsam mit der Tagesmutter, wie weit auch sie diese alltäglichen Kleinigkeiten in dieser Form durchführen kann. Erklären Sie ihr, was Ihnen wichtig ist und warum.

Sie müssen Ihrem Kind sicher auch dabei helfen, sich Schritt für Schritt an das zu gewöhnen, was anders ist, und versuchen, es ihm zu erklären und zu beschreiben: „Bei deinem Papa und deiner Mama kannst du die Treppe allein hinauf- und hinunterklet-

tern, aber bei Maria nicht. Sie paßt auf dich auf und hat Angst,
daß du dir bei ihrer Treppe weh tust. Du siehst, daß deswegen hier
eine Schranke ist.“

Die Kinder der Tagesmutter

Manche Tagesmütter haben selbst kleine Kinder und betreuen noch
ein oder zwei andere. Dieser Abschnitt ist ihnen gewidmet.

Wenn Sie ein kleines Kind betreuen wollen, denken Sie an folgenden Unterschied für Ihre eigenen Kinder zwischen
- der Tatsache, zu Hause die Anwesenheit einer anderen Person zu
  ertragen und
- der Tatsache, diese Anwesenheit *von innen heraus* zu akzeptieren,
  ohne Angst, der eigenen Mutter „beraubt“ zu werden, oder vielleicht sogar „den anderen“ als interessanten Spielpartner zu betrachten.

Ihre Kinder brauchen Zeit, um diese zweite Stufe zu erreichen. Wenn
Sie beschlossen haben, Tagesmutter zu werden, bereiten Sie Ihre eigenen Kinder genauso schrittweise auf die Ankunft eines gleichaltrigen anderen Kindes vor, das in Zukunft regelmäßig von Ihnen betreut werden wird.

Beobachten Sie deren Reaktionen. Oft haben die Kinder einer Tagesmutter das Gefühl, als nehme man ihnen ihre Spielsachen weg,
ihr Zimmer und vor allem ihre eigene Mutter. Sie fühlen sich dadurch verunsichert.

Sie wissen noch nicht – da sie noch nicht die Zeit hatten, diese Erfahrung zu machen –, daß sie ihre Spielsachen wiederbekommen,
daß Sie immer bei ihnen zu Hause sind und daß das andere Kind wieder weggehen wird.

Ich habe viele Kinder von Tagesmüttern gesehen, die von ihren Gefühlen überwältigt worden sind und sich entweder nur fügen konnten, aggressiv gegenüber dem Eindringling wurden oder ihr Problem
auf versteckte Art und Weise zum Ausdruck brachten (somatische
Schwierigkeiten, Schlafstörungen und Appetitmangel). Dies ver-
stärkte sich umso mehr, je mehr die Tagesmutter, im Bestreben, ihre
Arbeit gut zu machen, vom eigenen Kind beharrlich verlangte, zu
dem anderen freundlich zu sein.

Wenn Sie die notwendige Zeit einplanen (mindestens zwei bis drei
Wochen), wird Ihr Kind auch die Zeit haben, die neue Situation zu

verstehen und sich von seinem Erstaunen, der Sorge und der Enttäuschung erholen können. Vielleicht wird es auch am Abend oder zu
Zeiten, wenn das andere Kind nicht da ist, dagegen revoltieren. Es
kann sein, daß es müde ist, regrediert oder sehr erregt wird, und Sie
verstehen dies als Folge seiner Bemühungen oder als Ausdruck seiner
Gefühle. Stellen Sie keine wilden Interpretationen an wie ein
schlechter Psychoanalytiker: „Du bist unzufrieden, weil X bei uns
war, und deswegen ärgerst du dich oder bist böse auf mich", sondern
sagen Sie ihm, daß Sie verstehen, wie schwierig diese neue Situation
ist. Wenn es schon sprechen kann, sagt es Ihnen vielleicht, was ihm
nicht behagt. Auf jeden Fall versteht es, daß Sie seine Sorge und Zurückhaltung teilen.

Wenn das andere Kind anfänglich nur für kurze Zeit kommt, kann
Ihr Kind sich schnell wieder erholen. Bald wird es die Erfahrung machen, daß seine Spielsachen immer ihm gehören. Schritt für Schritt
wird es das andere Kind mit größerem Interesse und mehr Neugier erwarten und kann so wirklich frohe Augenblicke mit ihm verbringen.
Jedes weitere Mal wird positiver verlaufen, und Sie werden sehen, daß
sich bald eine Art Freundschaft zwischen den beiden entwickelt.

Wenn Sie sie zwingen, von heute auf morgen gut miteinander aus-
zukommen, kann es passieren, daß die Kinder nach außen hin dieses
gemeinsame Leben akzeptieren, im Innersten aber Zurückhaltung,
Mißtrauen und gegenseitigen Groll entwickeln.

Scheuen Sie sich nicht, über Ihr Kind mit den Eltern des anderen
zu sprechen. Wenn Sie es schaffen, Ihrem Kind gegenüber aufmerksam zu sein, sind Sie sicher auch fähig, das andere wahrzunehmen.
Sie sind beide wachsam und können sich gegenseitig unterstützen.

So kann das Tageskind vielleicht einige seiner eigenen Spielsachen
mitbringen. Zu Beginn kann der Raum so eingeteilt werden, daß
Ihr Kind einen etwas geschützten Bereich hat, wo das andere nicht
hinkommt. Gestehen Sie ihm ein Recht auf sein Spielzeug zu. Mit
der Zeit, wenn es schon sicherer ist, wird es auch das andere Kind
damit spielen lassen. Wollte man dies zu rasch erreichen, wird es
diese Erfahrung erst später oder gar nicht machen können.

Zeigen Sie Ihrem Kind immer Ihre Aufmerksamkeit. Erklären Sie
ihm gut, daß das andere Kind seine eigenen Eltern hat, die es am
Abend wieder abholen werden und daß es außer im Notfall nicht hier

schlafen wird. Erklären Sie ihm auch, daß es Ihre Arbeit ist, auf dieses Kind aufzupassen, für die Sie von dessen Eltern Geld bekommen.

Vergessen Sie aber nicht, daß Ihre Erklärungen nicht unverzüglich Sicherheit und Entspannung bei Ihrem Kind erzeugen müssen. Diese helfen ihm dabei, einerseits deren Wahrheitsgehalt zu überprüfen, andererseits, den eigenen Gefühlen Ausdruck zu verleihen.

Wenn das andere Kind kleiner ist, achten Sie darauf, daß Ihr eigenes seinem Rhythmus entsprechend weiterspielen kann. Es könnte sehr aus der Fassung gebracht werden, wenn es Sie beobachtet, wie Sie einem anderen Kind, das noch nicht allein gehen oder essen kann und alles zu Boden wirft, viel Aufmerksamkeit schenken. Muß es sich jetzt auch so verhalten, um Ihnen zu gefallen?

Wenn – im umgekehrten Fall – das andere Kind größer ist, helfen Sie Ihrem eigenen dabei, sich nicht zurückgesetzt zu fühlen von all den Tätigkeiten, die ihm noch nicht möglich sind.

Immer nach dem selben Prinzip: Geben Sie Ihrem Kind die Möglichkeit, aktiv an Ihren Entscheidungen mitzuwirken, aber in seinem Rhythmus.

Dies braucht einige Tage oder Wochen. Vielleicht ist Ihnen das unangenehm, weil es für jemanden, der von Kindern keine Ahnung hat, den Anschein erweckt, als wären Sie eine Glucke. Aber ist das wichtig?

Später erleben Sie Situationen, wo Ihrem Kind die Anwesenheit des anderen nicht paßt, es sich ärgert und die beiden streiten. Dies sind unangenehme Augenblicke, in gewisser Weise gesund und kein Zeichen für inneres Unwohlsein. Im großen und ganzen erlebt Ihr Kind das, was auch mit der Ankunft eines Geschwisterchens verbunden ist. Es erfährt, was es heißt, zu teilen und sich wieder zu versöhnen, Erfahrungen, die seine Persönlichkeit zutiefst bereichern, auch wenn sie schwierig sind.

Wenn es sich auf grobe Weise fügen und seine negativen Impulse unterdrücken mußte, dann können neu in sein Leben tretende Personen für es immer etwas Bedrohliches oder Unangenehmes bedeuten. Sie fragen sich dann, warum Ihr Kind so wenig umgänglich und ängstlich ist oder warum es sich gegen etwas wehrt, was es noch gar nicht kennt, warum es von Zeit zu Zeit unerklärliche Bosheiten anstellt. So würden Sie mit der Aufnahme eines anderen Kindes das Gegenteil von dem erzielt haben, was Sie sich gewünscht hatten.

Andere Betreuungseinrichtungen

Es geht hier um eine besondere Situation, da diese Betreuungszeiten sehr kurz sind und manchmal unregelmäßig stattfinden. Aber es ist notwendig, Ihren Säugling genauso vorzubereiten, als würde er in eine Krippe oder zur Tagesmutter gehen, umso eher, wenn er noch sehr klein ist: schrittweise Eingewöhnung, Bezugspersonen, die Versicherung Ihrem Kind gegenüber, daß es Sie nach jeder Abwesenheit wiederfinden wird.

● *Die Kindergruppe* *

Lassen Sie die allgemeine Atmosphäre einer Kindergruppe auf sich wirken, die Beziehungen zwischen Betreuerinnen und Kindern und der Kinder untereinander, die Vielzahl möglicher Aktivitäten (womit nicht spitzfindiges Material gemeint ist).

Wenn Ihr Säugling noch keine Erfahrung mit anderen Kindern hat, dann fragen Sie sich, welchen ersten Eindruck er diesbezüglich gewinnen kann: Ist die Atmosphäre entspannt und sicher oder mit dem Risiko verbunden, vor den anderen Angst zu haben? Man kann Kinder nicht mit Gewalt sozialisieren: Bieten wir ihnen Situationen an, an denen sie Freude haben und in einer sicheren und entspannten Umgebung ihrem eigenen Interesse nachgehen und tätig sein können.

„Aber sie müssen doch lernen, das Leben ist hart ...", heißt es normalerweise. Ja, sie werden lernen, aber doch so, daß die Spuren, die die gemachten Erfahrungen in ihrem eigenen Inneren hinterlassen, mehr mit Freude als mit Angst verbunden sind und daß sie schon etwas an eigener innerer Stärke entwickelt haben. Sonst würden sie von Anfang an nur Aggressivität kennenlernen, um sich gegen negative Ereignisse, die sie gleich zu Beginn kennengelernt haben, zur Wehr zu setzen und die sie demzufolge für unvermeidbar erachten.

Es scheint mir, daß dies eine der Ursachen für die uns umgebende Gewalt ist.

---

* Hierunter versteht man in Frankreich eine Betreuungseinrichtung, wo Kinder vor dem dritten Lebensjahr tageweise oder stundenweise betreut werden können.

Wenn Ihr Kind gerne in die Kindergruppe geht, wird es keine Probleme geben. Wenn es eher nicht will, Sie aber keine andere Wahl haben, hoffen wir, daß es nicht zu jung bzw. daß seine Gefühle dann miteinbezogen werden: „Du willst eigentlich nicht, aber ich habe keine andere Wahl."

Helfen Sie ihm, und helfen Sie auch der Erzieherin, mit ihm Bekanntschaft zu schließen, erwähnen Sie seine Lieblingsbeschäftigungen zu Hause, erzählen Sie von besonderen Erlebnissen, über die die Erzieherin mit ihm sprechen kann.

Wenn Ihr Kind schon größer ist, kann es Ihnen vielleicht seine Gefühle schon mitteilen: „Ich habe gespielt, aber es war nicht lustig!" Wenn es noch klein ist, wird es vielleicht beim Abholen weniger entspannt sein, sensibler und weinerlich. Sprechen Sie mit ihm über diesen schwierigen Augenblick, den es erlebt hat. Vielleicht akzeptieren Sie auch sein Bedürfnis, für einen Moment wieder mehr Baby zu sein. Nach solchen Schwierigkeiten suchen Kinder oft eine besondere Nähe und Zärtlichkeit, um ihre innere Energie wieder zu finden.

Es geht nicht vorrangig darum, schwierige Momente im Leben zu vermeiden, sondern „stärker" zu sein als diese, um daran zu wachsen. Wenn die Schwierigkeit aber zu groß ist, kann dies Folgen haben: Überempfindlichkeit, Angst, Groll.

● *Die Nachbarin, der oder die Babysitter(in)*

Die Prinzipien gelten nach wie vor, auch wenn es sich nur um einen Abend handelt. Das Kind kann aufwachen und dann besonders sensibel auf den Umstand reagieren, daß Sie nicht da sind.

Erklären Sie ihm, was Sie in der Zeit, wo Sie nicht da sind, tun, wie lange Sie weg sind und wann Sie wiederkommen. Schauen Sie, daß Ihr Kind die Person kennt, mit der es zusammen sein wird. Lassen Sie sie ein-, zweimal vorher kommen, damit sie auch mit ihrem Kind zusammen sein kann, während Sie sich in einem anderen Zimmer aufhalten.

Wenn das ausnahmsweise – aber wirklich nur im Notfall – nicht möglich sein sollte, erklären Sie Ihrem Säugling, daß er diese Person noch nicht kennt, aber daß Sie sie darum gebeten haben, sich um ihn zu kümmern. Schlagen Sie derjenigen auch vor, ihm des öfteren während Ihrer Abwesenheit oder beim Erwachen zu sagen: „Du kennst mich nicht, aber deine Mama (oder dein Papa) haben mich gebeten, mich um dich zu kümmern, deine Mutter hat mir gesagt, daß du das und das magst, sie hat das für dich vorbereitet ..."

Ersuchen Sie sie, mehrere Male auf Sie Bezug zu nehmen während Ihrer Abwesenheit. Überstürzen Sie eine Trennung nicht. Lassen Sie Ihrem Kind Zeit, sich an diesen neuen Menschen zu gewöhnen, während Sie zwar anwesend, aber vielleicht in einiger Entfernung sind.

Kinder reagieren sehr verschieden. Wir empfinden es oft als sehr eigenartig, wenn wir keine Antwort auf unseren Kuß erhalten. Oft sind die Gefühle auch zu stark und das Kind versucht, sie zu verbergen.

Vielleicht setzt sich seine scheinbare Gleichgültigkeit aus all dem zusammen.

Sie ermöglichen es ihm, eine Erfahrung zu machen, die sowohl mühsam als auch angenehm sein wird. Ganz allein wird es irgendeinen Gewinn daraus ziehen. Im allgemeinen ist eine schwierige, aber erfolgreich verlaufene Situation immer förderlich.

Sollten Sie sich Sorgen um den Ausgang dieser Erfahrung machen, vor allem wenn Ihr Säugling noch sehr klein oder sehr sensibel ist, dann beobachten Sie seine Reaktion. Kommt er Ihnen besorgt vor, anhänglicher oder unruhig? Hat er noch die gleiche Dynamik? Schläft er mehr oder weniger gut? Wie verhält er sich, wenn er die Person wiedersieht, der er anvertraut worden ist? So sehen Sie, ob Sie diese Erfahrung demnächst wieder probieren oder ob es besser ist, noch etwas zu warten, bis er größer ist. Schauen Sie, daß Ihr Kind diese Personen in Ihrer Gegenwart wiedersieht, um es auf die nächste Situation vorzubereiten und um ihm vielleicht auch dabei zu helfen, mehr von dem Erlebten zu profitieren.

Die Adoption, eine besondere Form der Betreuung

Wir werden hier nicht über Adoption an sich sprechen, sondern über die Art, wie unsere Betrachtungen Adoptiveltern und natürlich den Kindern selbst helfen können.

● *Die grundlegende Beziehung herstellen*

Die Geschichte eines Menschenlebens kann als langer Weg betrachtet werden – von der ersten Symbiose mit der Mutter und der engen Beziehung zu den Eltern bis zur inneren Unabhängigkeit.

Das adoptierte Kind hat noch eine weitere Arbeit durchzuführen, die darin besteht, diese innige, organische Bindung mit seinen Adoptiveltern herzustellen. Nur dann kann es sich wirklich mit echter Kraft aufbauen und auch innerlich selbständig werden.

Es ist wichtig, sich über den Unterschied klar zu werden zwischen:
– einer äußerlich guten Beziehung: Man freut sich am Zusammensein wie mit Freunden, man lacht, ißt miteinander, beschäftigt sich und hat sich wirklich gern;
– und einer Beziehung, die Wurzeln hat, nicht austauschbar ist, doch auch schon einzigartig und die sich, wenn sie nicht natürlich entstanden ist bei der Geburt, nachher aufbauen kann und muß.

Dies ist die grundlegende Arbeit, mit der jedes adoptierte Kind zu Beginn seines neuen Lebens konfrontiert ist. Eine glückliche Arbeit, die aber nicht immer reibungslos verläuft.

Eine grundlegende innere Veränderung

Je jünger das Kind ist, umso weniger schwierig und unsicher verläuft dieser Prozeß, aber er muß auf jeden Fall durchlebt werden, und obwohl das Kind von seinen Adoptiveltern dabei unterstützt wird, muß es ihn doch allein durchleben – keiner kann dies an seiner Stelle tun.

Es ist das Kind selbst, das sich dieser Mutter und diesem Vater, die es erwartet haben, anvertraut, ohne sie zu kennen. Vom Leben kennt es nur einen Bruch, den mit seiner „Geburtsmutter", einen Verlust. Und häufig hat es noch andere Arten von Verlust erlebt, andere Trennungen, neben vielen weiteren Schmerzen. Diese Erfahrungen mit dem Leben sind in seinen Zellen gespeichert, wenn es in eine erwartungsfrohe Familie kommt.

So klein es auch ist, bemerkt das Kind doch, daß etwas sehr Wichtiges passiert: Viele Pflegerinnen aus verschiedenen Säuglingsheimen bestätigen, daß sie eine Veränderung im Verhalten der Säuglinge wahrnehmen, wenn die Erwachsenen die Entscheidung zur Adoption getroffen haben – diese Veränderung ist noch vor dem Eintreffen der zukünftigen Eltern bemerkbar.

Wenn die Eltern „Ihr" Kind sofort „mitnehmen" können, ohne Vorbereitung, dann reagiert das Kind sehr oft mit somatischen Störungen: Durchfall, Atemproblemen, Hautkrankheiten. Diese Störungen sollten als körperlich-seelische Reaktionen verstanden werden und nicht – soweit möglich – allzu überstürzt behandelt werden, da

dadurch dem Körper seine Fähigkeit, sich auszudrücken, genommen wird und man ihn verpflichten würde, sich anders zu verhalten. Man sollte vor allem daran denken, was wir über die Notwendigkeit gesagt haben, ein Kind rechtzeitig für den Einstieg in eine Krippe oder bei einer Tagesmutter vorzubereiten:
- daß das Kind seine Mutter nicht verloren glaubt;
- daß es sich von *innen* her mit der neuen Betreuungsperson vertraut machen kann.

Was für diese gewöhnlichen Situationen zutrifft, ist noch wichtiger für Kinder, die adoptiert werden.

Eine schrittweise Adoption

Es ist daher wünschenswert, daß ein Säugling, der adoptiert wird, nicht auf unsanfte Art aus seinem gewohnten Lebensraum herausgerissen wird, sondern seine neuen Eltern schrittweise kennenlernen kann. Man ist diesbezüglich schon viel aufgeschlossener in den dafür zuständigen Organisationen und in den Säuglingsheimen. In vielen Ländern ist man noch anderes gewöhnt: Die Eltern haben es eilig, Ihr Kind „mitzunehmen", und die Betreuungseinrichtungen brauchen oft jeden freien Platz.

Als Eltern sollten Sie die Bedeutung dieses schrittweisen Kennenlernens für Ihr Kind nicht vergessen. Somatische Störungen, wie ich sie beschrieben habe, sind wahrscheinlich zum einen die Reaktion des Säuglings auf den abrupten Verlust seiner bisherigen Bezugspersonen, die sich (oft mit viel Liebe) um ihn gekümmert haben, und zum anderen darauf, daß er Sie, trotz der Liebe, die Sie schon für ihn empfinden, *nicht kennt.*

Auch wenn dies nicht immer leicht zu verwirklichen ist, versuchen Sie trotzdem, ihn in seiner gewohnten Umgebung kennenzulernen. Sprechen Sie ruhig mit ihm, erklären Sie ihm, wer Sie sind und was Sie für ihn wollen. Auch wenn er noch ganz klein ist und natürlich auch, wenn er schon größer ist und die Sprache versteht. Achten Sie darauf, daß ihm alles von einer ihm vertrauten Person in seiner Sprache erklärt wird.

Viele Adoptiveltern vergessen beim Abholen des Kindes, daß es wie jedes andere auch, eine eigenständige Person ist, die sie sofort auch als solche wahrnehmen sollten: Dieses Ereignis betrifft in erster Linie das Kind. Es darf kein Objekt sein, das Sie von einem Ort zum andern bringen, wenn auch mit viel Liebe.

Sie werden sehen, wie es Sie beobachtet und dann die Menschen, die es kennt. Sie spüren vielleicht diesen Elan, der in Ihre Richtung geht, aber es hat noch ein großes Lächeln für „die anderen". Versuchen Sie, es noch vor Ort zu pflegen, um seine Gewohnheiten nicht allzu sehr durcheinanderzubringen, und verändern Sie nicht alle Umgangsweisen, sobald es bei Ihnen ist. (Sollte ein großer Unterschied bestehen, organisieren Sie eine Übergangsform, was die gewohnte Nahrung betrifft und derjenigen, die es bei Ihnen bekommen wird.)

Auf diese Art und Weise helfen Sie Ihrem Adoptivkind sehr für die Zukunft, da es ein wenig von seiner Vergangenheit im Innersten bewahren kann, trotz des erlebten Verlustes. Es wird dann *von selbst* mit Ihnen gehen.

Wenn es seinen gewohnten Ort sofort verlassen muß, versuchen Sie, ein Leintuch, etwas Wäsche und Spielsachen mitzunehmen, die Sie dann wieder zurückbringen. Kommen Sie auch öfters zurück an diesen Ort, damit es eine Ortsveränderung und keinen Verlust erlebt: Seine ehemaligen Bezugspersonen lassen es ja nicht im Stich, sondern vertrauen es anderen an, damit es glücklicher ist. So wie auch seine eigentlichen Eltern – und vor allem seine Mutter –, die es zur Adoption freigegeben haben, damit es glücklich wird, trotz des Schmerzes, den sie dabei empfunden haben. Dies ist ein großer Liebesbeweis.

Vergessen Sie nicht, daß all seine Erlebnisse sich in seinem Inneren eingeprägt haben. Sicher werden sie später von allen positiven Erfahrungen überdeckt, aber sie können doch, je nachdem, welche Erlebnisse eintreten, jederzeit wieder auftauchen.

Holen Sie so viele Informationen wie möglich über seine Vergangenheit ein, bevor Sie es mitnehmen. Machen Sie Fotos: Dies sind alles Spuren seines Ichs, nach denen es Sie eines Tages fragen wird.

All das wird schwierig für Kinder, die mit dem Flugzeug gebracht werden, aber wenn Sie das „Prinzip" verstanden haben, werden Sie Lösungen finden, um auch diese Kinder eine gewisse Kontinuität erleben zu lassen.

Weiterhin aufmerksam zuhören und wahrnehmen

„Zu Hause" angekommen, haben die neuen, euphorischen Eltern oft das Bedürfnis, immer bei Ihrem Kind zu sein, es lachen zu sehen – im großen und ganzen verändert – als Zeichen für seine Freude, mit ihnen zusammen zu sein.

Das Kind selbst – sichtlich erstaunt über dieses neue Glück – stürzt sich darauf und reagiert manchmal eher mit Erregung als wirklichem Erfülltsein. Es kann sehr zufrieden über diese fröhliche, aber eigentlich oberflächliche Beziehung sein, und sein Verhalten ist mehr eine Antwort auf die Erwartungen der anderen, als daß es ein Zeichen für die Energie ist, die von innen kommt.

Hier kann das wirkliche Wahrnehmen des Kindes und ihm zuzuhören sehr wertvoll sein: wenn ihm die Zeit gelassen wird, sein Erstaunen zum Ausdruck zu bringen, seine Ängste und auch sein Sich-Zurückziehen.

Ein wenig später treten meist Müdigkeit, kleine Krankheiten, Regression oder Unruhe auf. Wenn man gut beobachtet, scheint es, als ob sich dieser kleine Mensch Fragen stellt und er sich, angesichts dieses Angebots an Liebe, zurückzuziehen scheint – eine Art Zögern, sich wirklich darauf einzulassen oder die Befürchtung, es könne sich wieder ein Verlust anbahnen.

Ein drei Monate alter Säugling, den seine Adoptiveltern mit eineinhalb Monaten aufgenommen haben, hat sich sehr gut „eingewöhnt". Dann ist er zwei Wochen lang dem Blick seiner Mutter ausgewichen. Wenn sie ihm sein Fläschchen gegeben hat, hat er sie nicht angeschaut. Hat ihm dies sein Vater gereicht, dann hat er den Kopf nach ihr umgedreht, um sie zu beobachten.

Es hatte nicht den Anschein, als hätte sich in dieser Zeit etwas Besonderes mit seiner Adoptivmutter ereignet, und man hat das Verhalten des kleinen Jungen eher als Zögern verstanden, sich anzuvertrauen. Seine Mutter hat ihm daraufhin wieder von seiner eigenen Mutter erzählt, von ihrer Bewunderung für sie und seinen Vater, von dem, was sie über seine kurze Geschichte wußte und daß jetzt sie und ihr Mann seine neuen Eltern sind.

„Und eines Nachmittags hat mein kleiner Junge seinen Blick in den meinen getaucht, ruhig, mit entspanntem Körper, und von diesem Zeitpunkt an hat er nie mehr dieses ausweichende Verhalten gezeigt. Ich hatte den Eindruck, als wollte er mir sagen: „Es ist gut, ich will es, du bist jetzt meine Mama." Ein Prozeß, der in der Tiefe seines Wesens vonstatten ging."

Die Pflegesituationen und Mahlzeiten sind sicherlich die Momente, wo der Säugling diese neue Beziehung am besten spüren kann: die Bedeutung des Körperkontakts, Zärtlichkeiten oder Massagen. Vielleicht ist es für dieses Kind noch wichtiger, daß wir seine Reaktionen wahrnehmen, ihm aufmerksam zuhören und es beobachten, als es zum Lachen bringen zu wollen, mit ihm zu singen oder es zu kitzeln. (Erinnern Sie sich an die Beobachtung des Säuglings im zweiten Kapitel des ersten Bandes, S. 29.)

Dieses kleine Kind, welches verlassen worden ist, den größten Schmerz auf Erden erlitten hat, sollte jetzt wirklich spüren, daß es wahrgenommen wird, daß alle seine Äußerungen von einer Frau und einem Mann, die jetzt immer für es da sein werden, beachtet werden.

Es braucht viele Jahre, um die Sicherheit zu erlangen, nicht wieder im Stich gelassen zu werden – wird es in seinem tiefsten Inneren jemals sicher sein?

● *Achtsam mit Trennungen umgehen*

Man beobachtet bei allen adoptierten Kindern eine große Sensibilität, was Trennungen betrifft – und allem gegenüber, was an einen Verlust erinnert –, auch wenn sich diese Sensibilität nicht nur durch Weinen äußert: Verminderung der Spannkraft, wenn die Mutter nicht da ist, unerklärliches Fieber während ihrer Abwesenheit oder selbst bei einer Reise mit den Eltern; bewegter Kindergartenbeginn, auch wenn es dreieinhalb Jahre alt ist und sehr interessiert an den dort möglichen Aktivitäten und Kindern. Selbst die Anwesenheit oder Abfahrt von Freunden ist von Bedeutung.

„Aber es sind Kinder wie die anderen auch!". Ja, was ihre Fähigkeiten betrifft, nein, in bezug auf ihre Geschichte. Ihre Erlebnisse sind in ihnen gespeichert. Treffen Sie daher umso mehr Vorkehrungen.

Vermeiden Sie es, Ihr Adoptivkind zu schnell jemand anderem anzuvertrauen, und schieben Sie einen Krippeneinstieg so lange wie möglich hinaus. Was die Organisation Ihres Lebens betrifft, erinnern Sie sich an unsere Beobachtungen über den Wechsel von beziehungsvollen Momenten und solchen der Eigenaktivität. Wenn Betreuungszeiten nicht vermeidbar sind, versuchen Sie zumindest, ihm selbst so oft wie möglich die Mahlzeiten zu geben und es zu pflegen (auch wenn es zwei oder drei Jahre alt ist), denn dies sind die Augenblicke, wo es die meiste Zuwendung von ihnen bekommt, und lassen Sie es vorwiegend während seiner Schlafens- oder Spielzeiten betreuen.

Vielleicht sucht es etwas öfter Ihre Nähe, aber wie die anderen Kinder auch, wird es bald das größte Vergnügen dabei erleben, selbst aktiv zu werden. Es wird sich ständig in Ihrer Nähe wieder sammeln, aber es lernt seine eigenen Fähigkeiten im Spiel kennen. Vielleicht hat es öfters das Bedürfnis, in die Arme genommen zu werden, aber vergessen Sie nicht, wieviel Sie ihm helfen, wenn Sie es ihm ermöglichen, Freude daran zu finden, sein eigenes Potential zu entwickeln.

Dies trifft umso mehr zu, wenn es in seiner Entwicklung verzögert ist oder eine besondere Schwäche hat. In dieser vertrauensvollen Situation kann sich seine Dynamik am besten entfalten.

Respektieren Sie daher unter allen Umständen seinen Rhythmus, drängen Sie es nicht. Wie andere Kinder auch, die sich in Schwierigkeiten befinden, wird auch dieses Kind es schaffen, aufzuholen, umso eher, je mehr Sie ihm vertrauen.

Mehr als jedes andere muß es in sich das Vertrauen in seine eigenen Kräfte finden, stolz auf seine Fähigkeiten sein – auch wenn andere Kinder seines Alters schon über weitere verfügen – und Freude an all dem, was es in sich trägt, erleben.

Mit etwas mehr Kraft und innerer Unabhängigkeit läßt sich vorstellen, daß es an dem Tag – keiner weiß wann –, wo es sich seiner Situation wirklich bewußt wird, sich etwas weniger hilflos fühlt als ein Kind, dessen Eltern es immer beschützen wollten, die es immer an seiner Seite hatte in allen kleinen alltäglichen Situationen. Es hat die Erfahrung machen können, daß man auch selbst Lösungen finden kann. Vielleicht wird die Jugend, wo man manches aus seiner frühen Kindheit wiedererlebt, leichter, ohne allzu große Traurigkeit, Verlassenheitsgefühle, oder der Angst, nicht geliebt zu werden oder zu versagen.

Sie werden von Zeit zu Zeit beobachten, daß Ihr Kind eine Entwicklungsstufe zurückgeht wie andere Kinder auch. Manchmal kann das der Ausdruck für seinen Umgang mit seiner Herkunft sein, seiner Geschichte und speziellen Situation. Solche Situationen in diesem Sinne zu verstehen, läßt Möglichkeiten finden, ihm dabei zu helfen (über die ersten Ereignisse in seinem Leben sprechen, ihm wiederholt sagen, daß Sie es nicht allein lassen werden ...).

Es ist seine Geschichte, seine Besonderheit – warum nicht auch sein Reichtum? Würden Sie so tun, als wenn dies nicht existieren würde, würden Sie ihm eine wichtige, zu ihm gehörende Sache vorenthalten.

5. Kapitel

Und was ist mit uns Eltern?

> Es gibt Menschen, die ein Kind mit dem Ton in den Händen eines Töpfers vergleichen. Sie fangen an, den Säugling zu formen und sich für das Ergebnis verantwortlich zu fühlen. Sie haben Unrecht. Sollten Sie ähnliche Vorstellungen haben, werden Sie (über kurz oder lang) von einer Verantwortlichkeit erdrückt werden, die Sie überhaupt nicht übernehmen müßten. Wenn Sie dem Säugling zugestehen, daß er ein eigenständiges Wesen ist, dann werden Sie viel Freude am Beobachten der Entwicklung des kleinen Wesens gewinnen, das glücklich ist, seine Bedürfnisse selbständig befriedigen zu können.
>
> D. W. Winnicot

Zum Abschluß wollen wir noch über uns Eltern sprechen. Diese Auffassung von der freien Bewegungsentwicklung und dem Vertrauen in das Kind praktisch umzusetzen, zu leben, ist oft schwieriger als es scheint: Umgebung, Erziehung, tiefe und erwartete Gefühle beeinflussen unsere Haltung. Trotzdem kann uns ein gewisses Know-how und das Wissen über die Entwicklung des Kindes von Geburt an genauso wie über uns selbst viel Freude bereiten, Verwunderung entlocken und uns außerdem Unbeschwertheit ermöglichen. Es geht nicht darum, perfekte Eltern zu werden oder zu sein.

Einige Unsicherheiten

Zuerst wollen wir von einigen weit verbreiteten Auffassungen Abstand nehmen:
– Man muß Kinder stimulieren, damit sie sich entwickeln.
– Säuglinge müssen sehr bald sozialisiert werden.
– Das Wichtigste ist, sein Kind zu lieben, und man spürt sehr wohl, ob man das tut.

– Wenn Sie es immer aufnehmen, sobald es weint, verwöhnen Sie Ihr Kind.
– Wenn Sie dem Kind das Gehen nicht beibringen, wie sollte es dies dann lernen?
– Kinder müssen gehorchen.

● *Stimulierung?*

Viele Kinder werden überhäuft mit Spielzeug, das sie zerstören und mit dem sie gar nichts anzufangen wissen. Viele Eltern sind in ihrer Haltung sehr unbeständig – das eine Mal zeigen sie sich gleichgültig den Aktivitäten ihrer Kinder gegenüber, ein andermal sind sie wieder sehr fordernd.

Es ist schwierig, sich nicht den gängigen Verhaltensweisen zu unterwerfen: Zur Zeit stehen frühreife Kinder hoch im Kurs. Es gibt zahlreiche Veröffentlichungen zum Thema Stimulierung, zum Lesenlernen, für den Musik- oder Fremdsprachenunterricht schon für die Kleinsten. Ein sehr aktives Kind wird höher eingeschätzt als ein ruhiges, nachdenklicheres Kind, das „bei sich" ist. Trotzdem wird es letzterem ohne große Schwierigkeiten gelingen, ruhig seinen Platz zu finden, seine zahlreichen Fähigkeiten zu entwickeln und Selbstvertrauen zu gewinnen, ohne viel Aggressivität.

In der heutigen Gesellschaft zählen Zeugnisse sehr viel. Aber sind nicht Selbstvertrauen, innere Sicherheit, Dynamik, Kreativität und Vorstellungskraft viel wichtigere Eigenschaften?

● *Sozialisierung?*

Man ist auch bemüht, die Kinder sehr bald zu „sozialisieren".

Es gibt sicherlich nichts Wichtigeres in unserem Leben, als wertvolle menschliche Beziehungen eingehen zu können. Die beste Voraussetzung jedoch, um positive soziale Kontakte zu knüpfen, ist eine gute persönliche Entwicklung. Sie ist die Bedingung für eine erfolgreiche „Sozialisierung".

Ich habe über diese erstaunliche Fähigkeit geschrieben, allein sein zu können in der Gegenwart eines anderen, die es dem Kind ermöglicht, ein autonomes Selbstbewußtsein zu entwickeln. In diesem Miteinander erfreut es sich an der Gegenwart des anderen, ist aber nicht abhängig von ihm. Ein Kleinkind, das sich (fast) nie von anderen bedroht fühlt, zeigt keine defensiven, aggressiven oder andere beherrschenden Verhaltensweisen. Diese tauchen vielleicht später auf, aber seine grundsätzliche Haltung den anderen gegenüber ist auf Vertrauen gegründet. Nachdem jedes Ereignis als Folge von vorangegangenen Erfahrungen erlebt wurde, begegnen diese Kinder anderen mit einer grundsätzlich positiven Einstellung und entwickeln später solche Umgangsformen, wie sie auch ihre Eltern mit ihnen gepflegt haben.

Die Tatsache, daß ein Säugling nur gelegentlich und mit wenigen Kindern zusammenkommt, behindert – solange er sich selbst autonom erleben kann – seine zukünftigen Beziehungen in keiner Weise, im Gegenteil. Etwas später können Sie solche Begegnungen dann einrichten, falls sie sich nicht spontan ergeben. Zufrieden, sicher und voll Selbstvertrauen wird Ihr Kind die anderen interessiert entdekken. Ist jedoch seine Beziehung zum Erwachsenen auf Abhängigkeit gegründet, verhält es sich selbstverständlich anders.

> „Seine natürlichen und primären Bedürfnisse befriedigen zu können, ermöglicht dem Kind fundamentale Sicherheit, Vertrauen und Lebensfreude, die gemeinsam die Basis bilden für die Fähigkeit, positive Beziehungen zu knüpfen."
>
> J. K. Stettbacher [*]

Man kann die Gemeinschaft mit anderen wirklich nur dann genießen, wenn man Selbstvertrauen hat und keine – oder kaum – Herrschsucht verspürt und frei von Angst ist. Die anderen werden als gleichwertig wahrgenommen und dennoch sehr wohl von einem selbst verschieden. Wir tauschen uns zum einen aus, zum anderen arbeiten wir zusammen. Wenn sich auch Eltern in Frage stellen lassen, werden die Grundlagen für Toleranz und Kritikfähigkeit gelegt.

Wäre unsere Gesellschaft nicht menschlicher, offener und weniger aggressiv, wenn schon die kleinen Kinder auf diese Art sicherer und mit mehr innerer Autonomie aufwachsen könnten?

● *Spontaneität?*

Ein anderer, häufig vorgebrachter Einwand ist folgender: *„In der Erziehung muß man spontan sein können. "*

---

[*] *Pourquoi la souffrance. La rencontre salvatrice avec sa propre histoire*, Vorwort von Alice Miller, Aubier, 1991.

Aber kann man den Bedürfnissen des Säuglings gerecht werden, wenn man in bestimmten Situationen sofort spontan seinem inneren Impuls nachgibt? Man reagiert ja auf das Äußere, nicht auf das, was sich dahinter verbirgt. Auf diese Art und Weise kann das Kind zu einem Objekt werden, das man nach Belieben manipuliert. Auf seine eigenen Regungen überhaupt nicht zu hören, wäre genauso unheilvoll. Suchen wir einen Mittelweg – vielleicht hat uns dieses Buch hierfür schon einige Hinweise gegeben.

● *Eine Frage der Liebe?*

„Es reicht, wenn wir es lieben …"

Überlegen Sie sich einmal, welche Bedeutung Sie dem Wort „lieben" geben:

– es in die Arme nehmen, es küssen, unglücklich sein bei einer Trennung, sich Sorgen machen

oder

– in ihm eine eigenständige Person sehen, die wir dabei begleiten, seine Fähigkeiten aufs beste zu entwickeln und dabei, ihren Platz in der es umgebenden Welt einzunehmen. Es geht darum, die besonderen und persönlichen Fähigkeiten unseres Kindes wahrzunehmen und sie anzunehmen, auch wenn sie nicht unseren Erwartungen entsprechen: Das Kind muß sich geliebt fühlen, so wie es ist. Wir dürfen ihm nicht das Gefühl vermitteln, daß es nicht so ist, wie wir es erwartet haben.

Mit zunehmender Erfahrung werden diese Worte wahrscheinlich auch für Sie eine tiefere Bedeutung bekommen.

Im ersten Fall entwickelt man eine sehr nahe und emotionale Beziehung, mit einem gewissen Abhängigkeitsverhältnis, die Gefahr läuft, zu Konfliktsituationen zu führen.

Im zweiten Fall gibt man dem Kind die Möglichkeit, von unseren eigenen Gefühlen nicht allzu belastet zu werden. Man nimmt mehr Rücksicht auf seine Eigenheiten. Dadurch kann es, mit ein wenig Abstand zu seinen Eltern, seine Energie und Vitalität entwickeln und einsetzen.

Letztendlich werden Situationen, in denen wir uns spontan verhalten und andere, bei denen wir uns mehr zurücknehmen, abwechseln. In gewisser Weise besteht hier eine Parallele zu einem schon erwähnten Zusammenhang zwischen Beziehungsnähe während der Pflege, den Mahlzeiten und der kindlichen Selbständigkeit und Unabhängigkeit bei seinem freien Spiel.

● **Von der Notwendigkeit, sich über gewisse Dinge Gedanken zu machen**

Ein neuer Einwand: *„Es wird ziemlich kompliziert, wenn man an alles denken muß".*

Sie sind wahrscheinlich beeindruckt von der Vielzahl an Tätigkeiten und Situationen, über die ich Sie zum Nachdenken einlade.

Einerseits werden Sie feststellen, daß Sie erst nach und nach mit all den verschiedenen Situationen konfrontiert werden und jede vorangegangene Erfahrung Ihnen bei der Bewältigung der folgenden hilft.

Andererseits stimmt es, daß es um viele kleine Dinge geht – und hier habe ich noch nicht einmal alle erwähnt! Das Leben eines Säuglings besteht aus lauter kleinen Details. Im Zusammenhang mit einigen wenigen wirklich gründlich nachzudenken, kann viel zum Verständnis über Ihre eigene Haltung einerseits beitragen und andererseits darüber, was Erziehung eigentlich bedeutet.

Daß intelligentes Nachdenken notwendig ist, gewährt schließlich auch Befriedigung. Erziehung wird auf diese Weise zu richtiger Arbeit mit all ihren Schwierigkeiten, Unsicherheiten und möglichen Fortschritten. Sie bekommen dadurch das Gefühl, eine interessante, lohnenswerte Arbeit zu leisten, die für manche Mutter wirklich vergleichbar ist mit professioneller Arbeit: „Man wächst über die Windeln hinaus und hat das Gefühl, wieder intelligent zu werden."

Sie werden sich sicher gerne Aufzeichnungen machen. Die Entwicklung des Säuglings von Zeit zu Zeit festzuhalten, kann später viel Freude bereiten. Es kann auch in schwierigen Zeiten sehr wertvoll sein: Sie halten inne und nehmen Abstand, so als ob Sie mit jemand anderem sprechen würden.

Einige wirkliche Schwierigkeiten

● **Sich in Geduld üben**

Es fällt einem tatsächlich schwer, sich zurückzunehmen, um einem Kind nicht zu viel zu helfen oder es in seiner Tätigkeit nicht zu unterbrechen. Es ist auch schwer, seine Umwelt zu bitten, dies nicht zu tun. Wer von den Erwachsenen ist nicht sofort da, um einem Kind dabei zu helfen, vom Sofa hinunterzuklettern, die Treppe hinaufzuklettern oder vor einer Gefahr zu warnen?

Erinnern wir uns an dieses Beispiel von den Erwachsenen, die ein Geschenk überreichen (Band 1).
Wer wird dem Kind die Zeit lassen, es nach seinem Rhythmus auszupacken, mit der Schnur und dem Papier zu spielen, selbst Mittel und Wege zu finden, es aufzumachen und das Geschenk erst zu entdecken, wenn es bis dahin vorgedrungen ist? Trotzdem würden Sie nie einen Erwachsenen unterbrechen, der gerade mit etwas Wichtigem beschäftigt ist ...

Lernen wir lieber zu warten, als die Dinge schnell selbst, anstelle des Kindes, zu erledigen. Üben wir uns in Geduld, in Selbstkontrolle, manchmal auch darin, kühles Blut zu bewahren!

Sich mit Worten zurückzuhalten, erfordert Aufmerksamkeit und Nachdenken darüber, was wir hätten sagen können, um beim nächsten Mal besser vorbereitet und weniger ungeschickt zu sein.

● *Längerfristig planen*

Es ist schwierig, dem offensichtlichen Vergnügen eines Kindes zu widerstehen.

Es scheint sehr zufrieden in seinem „Gehfrei" oder „Babyhopser" zu sein, es wirklich zu mögen, daß man es in die Arme nimmt, um es vom Stuhl herunterzuheben, auf den es geklettert war, oder daß man es aufrecht im Stehen hält.

Ich war selbst manchmal unsicher, aber wenn ich den Säugling besser beobachtete, hat sich eine Überzeugung herausgebildet: Es geht nicht bloß um den Augenblick, sondern um die Zukunft. Es ist wie bei Schokolade: ein Stück und noch ein Stück. Sicher ist das Kind zufrieden, denn es weiß noch nicht um die schlechten Folgen. Wenn Sie ihm etwas anbieten, was in Wirklichkeit schädlich ist, bereiten Sie eine Enttäuschung vor, die schwer auszuhalten ist. In manchen Fällen wäre es besser, die Bekanntschaft mit solchen Dingen zu vermeiden.

Wie viele Dinge werden Sie ihm später verweigern müssen: ständiges Naschen, zu häufiges Fernsehen, auch wenn Ihr Kind weint und sehr traurig zu sein scheint.

Es ist nicht leicht, bestimmte Verhaltensweisen zu verändern, wenn sie mit dem Älterwerden Ihres Kindes schon zu Gewohnheiten geworden sind. Aber wir haben gesehen, daß es nicht zu spät ist und mit Geduld und Ruhe vieles geändert werden kann.

Wenn Sie gewisse Aspekte abschrecken, lassen Sie Zeit verstreichen und wenden Sie nur das an, was Ihnen im Moment möglich erscheint. Beobachten Sie Ihren Säugling, seine Reaktionen und das, was er Ihnen über die veränderten Umstände mitteilen will.

Hier kommt etwas ins Spiel, was wir schon oft festgestellt haben: Durch die Verantwortung für ein kleines Kind entwickeln wir uns weiter. Was anfangs noch erstaunt oder unvorstellbar erscheint, kann einige Monate später schon selbstverständlich sein. Versuchen wir, uns eine gewisse innere Beweglichkeit zu bewahren und uns nicht auf unsere Meinungen zu versteifen. Es ist ein gemeinsamer Weg, für den jeder etwas beiträgt.

Sie werden zweifelsohne mehr Freude und Unbeschwertheit erleben.

● *Die Freude*

Ich glaube, sie wird Sie das ganze Buch über begleitet haben.

Sie kennen sicher dieses Entzücken, wenn Sie Ihr Kind bei seinem Bemühen beobachten, völlig konzentriert einen dritten Würfel auf die beiden ersten zu stellen oder beim Versuch, einige Stufen hinunterzuklettern, wenn Sie sehen, wozu es schon fähig ist, wenn Sie seine Vorstellungskraft und Geschicklichkeit wahrnehmen oder seine ersten Laute hören. Von Zeit zu Zeit werden Sie irritiert sein von Schreien, die direkt aus dem Bauch kommen: Man hat den Eindruck, als ob seine ganze Energie durch diesen Körper – fast noch zu klein, um sie zu behalten – zum Ausdruck kommen möchte.

Dafür gibt es keine Worte. Ein Kind bei seinen Aktivitäten, beim Wachsen zu beobachten, ist einfach schön. Und Sie werden sich freuen über Ihr ruhiges, konzentriertes und geschicktes Kind, das bei allen Menschen Sympathie erweckt, da es die Umgebung nicht unermüdlich verwüstet, sondern sich für alles interessiert: Dinge und Menschen.

Freude bedeutet auch, sich im Vollbesitz seiner Möglichkeiten zu wissen und zu funktionieren. Kinder sind ein Beweis dafür, wie sehr physische und psychische Energie, Intelligenz und Selbstvertrauen in der körperlichen Aktivität ihre Wurzeln haben.

„Ein Kind ist wunderbar und schrecklich zugleich."
Alles hat zwei Seiten. Müdigkeit, Frustration, Enttäuschungen – die freie Bewegungsentwicklung löst nicht alle Schwierigkeiten! Aber das Leben mit einem bereits autonomen kleinen Kind, das geschickt ist und es versteht, zwischen Zeiten beziehungsvoller Zuwendung und Augenblicken unabhängigen Aktivseins abzuwechseln, ist um einiges leichter.

Eine Mutter, die seit ihrem Umzug in eine unbekannte Stadt etwas isoliert ist, geht mit ihrem Mann Tennisspielen und überläßt ihren Sohn einem Babysitter, den er kaum kennt. (Es ist das erste Mal seit seiner Geburt, daß die Eltern gemeinsam einer sportlichen Aktivität nachgehen.) Erich begleitet sie zur Tür, die Mutter schaut ihn zärtlich an und verabschiedet sich. Das Kind blickt ihr in die Augen, dreht sich um und entfernt sich entschiedenen Schrittes, sein Auto hinterherziehend, indem es vor sich hin murmelt und zu sagen scheint: „Du lebst dein Leben, ich das meine." Diese Reaktion hat die Mutter überrascht und ihr ein wenig das Herz zusammengeschnürt, aber gleichzeitig war sie erleichtert zu wissen, daß sich ihr Kind in ihrer Abwesenheit fröhlich und interessiert – wie sonst auch – beschäftigen wird. Dies wurde ihr bei der Rückkehr sowohl vom Babysitter als auch durch das Verhalten des Kindes bestätigt. Es war also möglich, Erich von Zeit zu Zeit ohne Probleme von jemand anderem betreuen zu lassen.

Welch ein Trost zu wissen, daß durch beziehungsvolle Pflegesituationen, wie wir sie beschrieben haben, das kleine Kind eine Dynamik in sich trägt, die es ihm ermöglicht, sich während unserer Abwesenheit mit Freude zu entwickeln. Es kann uns „in sich tragen".
Und nach diesen ersten Monaten, in denen das Kind uns sozusagen vollständig absorbiert, kann das vorangegangene Leben mit seinen Aktivitäten und Begegnungen wieder aufgenommen werden. Indem es Schritt für Schritt Freude an seinen selbständigen Aktivitäten erlebt, wird es fähig, ein wenig ohne uns zu leben. Es ist dann meist gar

nicht notwendig, bei jeder kleinen Träne herbeizueilen: Wenn wir die Zeit und die Umgebung vorbereiten konnten, wird es selbst sehr schnell und unbeschwert Lösungen finden!

Es liegt an uns, die Zeiten, die wir gemeinsam mit unserem Kind verbringen, zu gestalten. Wenn unsere Anwesenheit eine gute Qualität hat, wird unsere Abwesenheit keinen Mangel darstellen.

Wahrscheinlich wird diese schrittweise Loslösung auch uns selbst helfen, unser Kind in Zukunft „gehen" zu lassen, in die Schule, zu anderen Freunden oder anderswohin. Sie wird uns helfen, uns weniger in sein persönliches Leben einzumischen.

Schon von Anfang an, wo es noch leicht geht, wird es uns möglich, dadurch gute Gewohnheiten einzuüben!

● *Unsere Verantwortung teilen*

Sollten Sie zu zweit sein, während Ihre Kinder heranwachsen, dann versuchen Sie, sich die Verantwortung zu teilen, so daß der eine, wenn er überlastet und müde ist, dem anderen vertrauen kann. Frauen haben oft das Gefühl, alles laste auf ihnen, obwohl der Vater da ist. Wir Mütter müssen aufpassen, deren Rolle nicht zu gering zu achten. Und die Männer müßten darauf schauen, uns nicht alles machen zu lassen. Außerdem bleibt der Vater „gesetzlicher Vertreter", was auch schon für das sehr kleine Kind wichtig ist.

Es ist auch sinnvoll, sich mit anderen auszutauschen, auch wenn wir uns vor zu vielen Ratschlägen und verschiedenen Meinungen, die jeder mit Überzeugung vertritt, hüten sollten. Wenn wir auf alles hören, was die anderen sagen, wissen wir nicht mehr, woran wir uns halten sollen.

Mit anderen zu sprechen ermöglicht uns vor allem, etwas Abstand zu gewinnen: Was anfänglich ein dramatisches Ausmaß angenommen hat, bekommt plötzlich wieder eine normale Größe. Trotzdem ist es gut, sich ununterbrochen einige nützliche Prinzipien und Informationen in Erinnerung zu rufen, um eine eigene, stimmige Position einnehmen zu können.

Man braucht Möglichkeiten zum Ausruhen und um Kraft zu schöpfen und sollte sie auch suchen, wenn sie nicht vorhanden sind. Die Großeltern, die Familie, Freunde, Bekannte. Von Zeit zu Zeit muß man sich von seinem Kind erholen können. Wenn sie größer werden, werden sie das Bedürfnis haben, sich von uns zu erholen.

● *Unsere Unsicherheit*

Mit der Zeit wird es Ihnen gelingen, die Unsicherheit als Tatsache zu integrieren und nicht als Unzulänglichkeit Ihrerseits, und Sie werden Ihrem Kind mehr vertrauen. Viele tun sich schwer mit der Vorstellung, nicht perfekt sein zu müssen. Vor allem in bezug auf Ihr Kind, wenn es noch sehr jung ist. Es ist aber nichts wirklich ideal im Leben, nichts ist vollkommen, versuchen Sie vielmehr, gut zu sein, indem Sie Ihre Unzulänglichkeit als Teil der Realität annehmen.

Parallel dazu, daß wir versuchen, unser kleines Kind so viel Freude und Glück wie möglich erleben zu lassen, sind wir gezwungen, uns nach und nach von dem Gedanken zu verabschieden, daß es in ewiger Glückseligkeit aufwächst: Wir müssen ihm sehr bald Grenzen setzen, es wird Enttäuschungen erleben. Gleichzeitig müssen wir überzeugt davon sein, daß wir unser Bestes geben, auch wenn es begrenzt ist von unseren physischen, materiellen und psychischen Möglichkeiten, von unserer Realität sozusagen.

So ist das Leben. Außerdem stellt sich die Frage, ob ein Kind, dem alle Wünsche erfüllt werden, seine inneren Kräfte entwickeln, mobilisieren und sich wirkliche Ziele setzen kann.

● *Hören wir auf, perfekt sein zu wollen*

Wir haben gesehen, daß auch wir Erwachsenen Gefühle haben und daß wir ihnen Rechnung tragen sollen und unter Umständen auch mit unseren Kindern darüber sprechen können. Françoise Dolto hat uns gezeigt, daß es möglich ist, sehr einfach zu sagen: „Das habe ich nicht gut gemacht."

Wir würden ihnen keinen besonderen Dienst erweisen, wenn wir vollkommene Eltern wären! Denken wir einmal über unsere Vorstellung von Perfektion nach. Wenn wir als Kinder davon überzeugt waren, daß es möglich sei, wollen wir genauso perfekt sein wie dieses Modell, das wir in uns tragen. Wir halten uns daher für besser als die anderen oder – wenn wir merken, daß wir dieser verinnerlichten Vorstellung nicht entsprechen, neigen wir dazu, uns abzuwerten und Schuldgefühle zu entwickeln.

Diese beiden Gefühlszustände können sich sehr unangenehm abwechseln, je nachdem, ob die betreffende Person
– sich dem anderen überlegen fühlt oder glaubt oder
– sich sehr unterlegen fühlt oder glaubt.

Wenn viele Eltern diesen Anspruch, perfekt sein zu wollen, aufgeben könnten und ein „durchschnittliches" Leben akzeptieren würden, ginge es zahlreichen Kindern sicher besser.

Genauso wird das Kind eine Lösung finden, selbst vom Sofa herunterzugelangen, wenn Sie sich nicht auf es stürzen, um ihm dabei zu helfen. Wenn es länger als vorgesehen in außerhäuslicher Betreuung ist, wenn sein Essen nicht gerade hervorragend ist, wenn Sie ihm später nicht alle sportlichen oder sonstigen von ihm bevorzugten Aktivitäten ermöglichen können, wenn Sie nicht immer die Sanftmut in Person sind, wird es auch damit umgehen lernen.

Und wenn Sie Freude am Leben haben, wird auch Ihr Kind welche finden.

Sie werden durch eine solche Vorgangsweise das erleben, was eine Mutter wie folgt beschreibt:

„Wenn ich in seltenen Fällen endlich einmal aufhöre, alles machen zu wollen, spüre ich, wie sich meine Schultern entspannen und dann in mir das Bedürfnis auftaucht, tief auszuatmen. Mir wird etwas klarer, daß meine Kinder auch ihr eigenes Leben führen können, wenn ich ihnen dazu die Möglichkeit gebe. Aber ich muß mir das jeden Tag wieder vorsagen!"

Wenn wir weniger Raum beanspruchen, haben unsere Kinder dadurch mehr zur Verfügung.

Es ihnen ermöglichen, unseren persönlichen Schwierigkeiten gegenüber weniger empfindlich zu sein

Auf diese Art und Weise können wir unseren Kindern einen großen Dienst erweisen: Ihnen die Möglichkeit geben, sich in bezug auf unsere Launen und persönlichen Schwierigkeiten etwas zu distanzieren. In dem Maße, wie sie eine gewisse innere Unabhängigkeit erlangt und Freude daran haben, selbst tätig zu werden, ohne uns zu brauchen, sind sie sicher weniger empfindlich gegenüber unseren individuellen Schwierigkeiten, weniger verletzbar durch unser autoritäres Verhalten oder unseren Machtanspruch, unsere Sorgen und Ängste.

Was unsere unbewußten, manchmal viel komplizierteren Probleme betrifft, ist es fast nicht möglich, unsere Kinder ganz davor zu bewahren. Sie spüren sie, ohne daß wir dies beabsichtigen. Indem wir es ihnen aber ermöglichen, ihre Fähigkeiten in einem gewissen Abstand zu uns zu entwickeln und durch ihre eigene Verwirklichung eine klarere Identität zu erlangen, beschützen wir sie sicher indirekt etwas vor uns selbst, und sie werden stabiler. (Zahlreiche Wissenschafter und Psychoanalytiker setzen sich gerade mit diesem Aspekt auseinander.) Sie sind weniger verletzbar, wahrscheinlich auch etwas weniger betroffen von unseren „Neurosen" und fähiger, diesen zu begegnen. Vielleicht ist dies vielen Eltern, die verunsichert sind, deprimiert oder sich anderen psychischen Schwierigkeiten ausgeliefert fühlen, ein großer Trost.

Sich selbst besser kennenlernen

Ich habe mehrere Male erwähnt, wie dieses Buch Ihnen helfen kann, auch sich selbst besser kennenzulernen. „Woran liegt es, daß ich mit diesem Satz einverstanden bin oder nicht, daß mich dieser Vorschlag begeistert oder ganz im Gegenteil starken Widerstand in mir hervorruft?" „Meine Schwierigkeiten, es alleine zu lassen, zeigen mir, wie stark mein Wunsch ist, daß mein Kind mich immer braucht."

Sicher kommen durch unsere Verhaltensweisen dem Kind gegenüber Eigenschaften zum Vorschein, die wir bis jetzt nicht kannten, so wie auch unser Beziehungsleben verschiedene andere Eigenheiten zu Tage befördert. Dadurch entwickelt sich jedes menschliche Wesen.

All diesen in uns verborgenen Reichtum, der manchmal durch unsere Erziehung oder bedauernswerte Erlebnisse abgeblockt wurde, Schritt für Schritt in unser Wesen zu integrieren, ist ein nie enden wollendes Unterfangen. Paule Salomon formuliert das folgendermaßen: „Das menschliche Wesen: ein Wesen im Werden, im Aufblühen."

Das eigentliche Wesen des Kindes

Das Kind ist ein eigenständiges Wesen, das aus dem, was Sie ihm geben, das Beste machen wird. Es hängt nicht alles von Ihnen ab. Es hat seinen eigenen Charakter, seine Originalität, seine individuelle Energie. Es wird nicht alles von Ihnen und aus seinen Erlebnissen mit Ihnen beziehen, sondern daraus etwas sehr Persönliches machen, was auch nicht dem gleicht, was seine Geschwister daraus machen.

Vertrauen Sie ihm daher und sich selbst auch. Geben Sie ihm das, was Ihnen, nachdem Sie sich informiert und nachgedacht haben, gut erscheint und sich in Ihr Leben integrieren läßt. Interessieren Sie sich dafür, wie es damit umgeht. Es wird Sie sehr bald nicht mehr als ständigen Beschützer brauchen.

● *Die gegenständliche Welt*

Parallel dazu werden Sie einiges zu überlegen, sich auszudenken und letztendlich herzustellen haben, um die Umgebung Ihres Säuglings vorzubereiten, um schrittweise die Räume zu verändern, sein Zimmer, das Bad (dazu haben wir Beispiele erwähnt), immer seinen Entwicklungsphasen entsprechend. Sie werden geeignetes Spielmaterial auswählen und den Tagesablauf organisieren. Dies ist eine ständige Herausforderung, die manchmal anstrengend erscheinen mag, wenn Sie z. B. gerade eine entsprechende Konstruktion entworfen haben, das Kind aber schon wieder größer, mobiler geworden ist und man wieder Neues ersinnen muß. Aber das ist ein Zeichen für seine Fortschritte.

Die Schwierigkeiten Ihres Kindes

Ihr Kind kann Verhaltensweisen zeigen oder Schwierigkeiten haben, die Sie erstaunen oder beunruhigen.

Wenn es ihm zu einem bestimmten Zeitpunkt nicht so gut zu gehen scheint, hat es wahrscheinlich mit einer Schwierigkeit zu kämpfen:
- eine „heilsame" Schwierigkeit vielleicht, durch sein Wachstum bedingt, wobei Sie es unterstützen müssen;
- eine innere Schwierigkeit, die mit einem bestimmten Ereignis in Verbindung steht, wie Trennung oder die Ankunft eines Geschwisters. Es kann mit einer Tatsache konfrontiert werden, die ihm Angst macht: sein Unvermögen in bestimmten Situationen, die Macht seines Vaters, die Erinnerung an schmerzhafte Erfahrungen. Es geht nicht darum, sich Vorwürfe zu machen, sondern darum, bei der Überwindung dieser Schwierigkeit zu helfen: ein neuer Abschnitt seiner fortschreitenden Entwicklung.

Vielleicht sind Sie auch der Meinung, irgend etwas in seiner Umgebung ist nicht optimal. In diesem Fall sollten Sie zwei Formen von „Schuldgefühl" unterscheiden:

– das ungesunde Schuldgefühl, in dem Sie baden, das Sie aber nicht weiterbringt: „Ich bin halt so";
– das gesunde Schuldgefühl, das es Ihnen erlaubt, sich über das, was in Ihrer Haltung, in Ihrem Verhalten nicht in Ordnung ist, klar zu werden und eine Änderung ermöglicht. Hier kann Ihnen fair geübte Selbstkritik helfen, es besser zu machen.

Man sollte sich nicht schämen, im Gegenteil! Veränderung ist nur möglich, wenn Sie sich Ihrer Mängel bewußt werden und versuchen, dem abzuhelfen. Jeder hat seine Unzulänglichkeiten.

Wenn Sie den Eindruck haben, daß Ihr Kind etwas bedrückt (es schläft schlecht, ist unruhig oder zieht sich in sich selbst zurück, lutscht ständig Daumen und rührt sich wenig), dann können Sie sich überlegen, was ihm an Ihrem momentanen Umgang mit ihm stören oder fehlen könnte. Oft sind dies nützliche und positive Zeichen. Ein Kind führt seine Eltern, wenn man es wahrzunehmen versteht. Versuchen Sie daher einfach, etwas in Ihrem Umgang mit ihm zu verbessern, und Ihr Kind wird wieder zufriedener sein.

Mit einem oder mehreren Kindern zu leben, ist eine wunderbare Gelegenheit, sich zu entwickeln, wenn man sich etwas bescheiden kann und offen ist für das, was geschieht. Sich zu entwickeln, Fortschritte zu machen, ist immer mit größerem Wohlbefinden und mehr Lebensfreude verbunden.

● *Verstehen, was vor sich geht*

Dieses Buch zeigt meines Erachtens zahlreiche Wege auf.

Hören Sie sich zu: Normalerweise versucht man, an ein vorhandenes Problem mit seinem Kind nicht zu denken, sich rationale Erklärungen zurecht zu legen, zu glauben, daß das sein Charakter ist oder daß man warten muß, „Man kann nichts machen", „Das wird schon werden". Kurz und gut, man tut effektiv nichts. Und trotzdem ist man besorgt.

Angesichts einer Vielzahl von Kindern, die unruhig sind, Schlafstörungen und Appetitmangel haben, glauben viele Erwachsene, daß dies normal sei und vergessen, daß es auch ruhige, lebensfrohe Kinder gibt, die gut schlafen und essen. Was die physische Gesundheit betrifft, ist man im allgemeinen viel aufmerksamer als hinsichtlich der psychischen Verfassung des Kleinkindes.

Nehmen wir beispielsweise ein kleines Mädchen im Alter von 22 Monaten, das außer „Mama" und „nein" noch kein einziges Wort sagt. Ist das normal oder nicht?

Jeder beurteilt das nach seinen eigenen Erfahrungen: „Ich kenne ein Kind, das ... Ich kenne ein Kind, das ..."

Um Ihnen dabei zu helfen, dies fürs erste selbst beurteilen zu können, möchte ich Ihnen eine Technik vermitteln, die normalerweise bei Fachleuten zum Einsatz gelangt und darin besteht, daß man zuerst versucht, einen Gesamteindruck dieses Mädchens zu gewinnen: Wie beschäftigt es sich, welche Spiele spielt es, wie schauen seine Beziehungen mit anderen aus, mit seinen Eltern, mit Kindern, unbekannten Menschen, wie schläft es, wie ist sein Appetit?

Wenn es in allen diesen Bereichen Lebensfreude zum Ausdruck bringt, Selbstvertrauen und Wohlbefinden versprüht, wenn sein Entwicklungsstand im großen und ganzen dem Durchschnitt seiner Altersklasse entspricht, dann könnten Sie auch davon ausgehen, daß sein spärlicher Wortschatz einer besonderen Art von Autonomie entspricht und eigentlich überhaupt kein Zeichen für Schwierigkeiten ist. Sicher werden sie etwas Geduld haben müssen, indem Sie versuchen, es trotzdem anzuhören, es zu verstehen und auf es aufmerksam zu sein.

Sollten Sie jedoch andere Schwierigkeiten feststellen (häufiges Weinen, Forderungen und Launen, wenig Aktivität, Schlafstörungen, Appetitmangel), entspricht die beobachtete Sprachverzögerung sicher einem allgemeinen Unwohlsein bei diesem kleinen Mädchen, einer Verweigerung oder Angst, mit anderen zu kommunizieren zum Beispiel oder auch einer Art Versuch, sich selbst einer zu starken Erwartung von seiten seiner Eltern zu widersetzen.

Überlegen Sie in diesem Fall, wie Sie Ihrem Kind helfen können, ohne daß Sie sich sagen: „Zwei Worte mit 22 Monaten, da kenne ich noch andere, die auch nicht mehr sprechen, das ist normal." Es wäre schade für das Kind, da es sich immer weiter in seine Schwierigkeiten verstricken würde. Später wird es sicher viel schwieriger, ihm zu helfen.

Die Symptome eines Kindes sprechen eine sehr nützliche Sprache, die wir auf der Grundlage unseres Vertrauens in unser Kind verstehen können.

Es ist fähig, uns mitzuteilen: „Es geht mir nicht gut."

Das ist doch wunderbar, oder? Hören wir ihm zu. Es ist nicht einfach, weil man dabei auch Enttäuschungen oder Erniedrigungen erleben oder sich schuldig fühlen könnte. Wir können uns wegen unserer Halsstarrigkeit schuldig fühlen, nicht aber für unsere eigene Geschichte. Jeder Mensch weist Unzulänglichkeiten auf. Sie sind nur manchmal mehr, dann wieder weniger sichtbar und machen sich nicht in den gleichen Bereichen bemerkbar.

Dieses kleine Mädchen versteht sich im Moment nicht sehr gut mit Ihnen. Liegt der Grund bei ihm oder bei Ihnen? Vielleicht bei beiden? Es teilt Ihnen mit, daß es Kummer hat. Um Hilfe zu bitten ermöglicht einem, etwas Abstand zu nehmen. Erkundigen Sie sich: Es gibt immer mehr Kinderärzte, Psychologen oder Psychiater, die Erfahrung mit solchen Situationen haben und nicht gleich dramatisieren. Sie werden Ihnen viel Verständnis entgegenbringen. (Da sie im Rahmen ihrer Ausbildung selbst mit vielen ihrer eigenen Probleme konfrontiert wurden, wissen sie, worum es geht!) Gemeinsam mit ihnen werden Sie Ihre eigenen Stärken wiederfinden. Es gibt immer mehr Angebote. Vielleicht gibt es in Ihrer Nähe sogar Beratungsstellen oder Eltern-Kind-Zentren. Erkundigen Sie sich.

Wenn Sie dadurch etwas mehr Abstand gewinnen können, werden Sie feststellen, daß es meist um kleine Veränderungen in Ihrer Erziehungshaltung geht oder in der Organisation Ihrer Lebensweise, um Ihrem Kind weiterzuhelfen. Vielleicht ist es ein sehr eigenwilliges, energiegeladenes und intelligentes Wesen, das aber zu wenig Gelegenheiten hat, sein Potential zu leben.

● *Über seine eigene Geschichte nachdenken*

Es kann auch sein, daß Sie vor allem einmal über die Einstellungen nachdenken sollten, die Sie aus Ihrer eigenen Erziehung und der Beziehung zu Ihren Eltern übernommen haben: Dominanzansprüche, das Bedürfnis, es gut zu machen, Ängste und vieles mehr. Dies gemeinsam zu erforschen, kann interessant sein (was aber viel Wohlwollen voraussetzt), auch wenn einige von Ihnen erstaunt sein werden! Wir sind alle aus sehr ähnlichem Holz geschnitzt: Sie werden dabei Ihre Eigenheiten entdecken können, was nicht heißt, daß diese wirklich ursprünglicher Natur sind!

Es kann sein, daß Sie dabei auf ein schmerzhaftes Erlebnis aus Ihrer Kindheit stoßen, das Sie vergessen zu haben glaubten, das aber durch die Gegenwart Ihres kleinen Kindes unerwartet wieder ins Bewußtsein gelangt ist. Mit den dabei auftauchenden Gefühlen kann viel Energie freigesetzt werden.

Dieser Austausch kann Sie einander näher bringen und erstaunlicherweise auch das Befinden Ihrer Kinder verbessern.

Sie werden wahrscheinlich auch die mit Ihrer Vergangenheit und Ihrer Erziehung verbundenen Widerstände wahrnehmen. Wir reproduzieren genau das, was wir selbst erlebt haben, da es in gewisser Weise in unseren Zellen gespeichert ist. Wir lassen den anderen das spüren, was auch uns zuteil geworden ist, so wie das Kleinkind mit seiner Puppe so verfährt, wie auch mit ihm umgegangen worden ist. Dies kann einen manchmal sehr vor den Kopf stoßen. Wir entdecken im Zusammenleben mit unseren Kindern Verhaltensweisen, die wir von unseren Eltern her kennen, auch wenn wir uns dessen nicht immer bewußt sind oder uns wünschen würden, daß es anders wäre. Oft haben wir sie vergessen, vor allem, wenn wir sie unangenehm oder schmerzhaft in Erinnerung haben. Wir sind allzu oft befangen in diesen alten Beziehungen.

Wir sollten daher versuchen, innerlich Abstand zu unseren eigenen Eltern zu gewinnen und uns bewußt werden – auch wenn es für manche schrecklich ist –, daß in der Liebe, die wir für sie empfinden, auch heimlicher Groll, Zorn, manchmal sogar Haß steckt [*]. In jedem Lebewesen existieren Widerstände, dem kann keiner entkommen. Nur haben viele von uns Schwierigkeiten, dies zu glauben und sich dessen bewußt zu sein. Aber genauso wenig wie Sie vom Zorn, den Ihre Tochter oder Ihr Sohn gegen Sie richtet, vernichtet werden, werden Sie auch Ihre Eltern zerstören, wenn Sie solche Gefühle wie Zorn oder Groll ihnen gegenüber oder vielmehr ihrem Verhalten in der Beziehung zu Ihnen zulassen: Vielleicht waren sie zu fordernd oder zu gleichgültig, zu sehr mit sich selbst beschäftigt, als daß sie sich wirklich um das für Sie Wesentliche hätten kümmern können, auch wenn sie sich dessen nicht bewußt waren. Sich darüber klar zu wer-

---

[*] s. auch in der Bibliographie die Veröffentlichung von Alice Miller zu diesem Thema.

den, bedeutet ja noch nicht, daß Sie Ihre Eltern dadurch töten! Im Gegenteil: Ihre Beziehungen werden vielleicht sogar ehrlicher, reicher und angenehmer.

Ich schlage Ihnen folgende kleine Übung vor: Versuchen Sie, in Ihrem eigenen Verhalten zwei oder drei Züge wiederzufinden, die Sie von Ihren Eltern her kennen, oder bitten Sie jemand anderen, Sie darauf aufmerksam zu machen. Ich schildere hier einige Beispiele:

Eine junge Frau hatte sehr unter den ständigen Forderungen und Erwartungen ihrer Mutter gelitten. Sie wollte dieses Verhalten vor allem nicht in der Beziehung zu ihrer Tochter wiederholen und war daher sehr kühl in den Pflegesituationen und auch allgemein. Da geschah es, daß ihr Säugling sich einige Tage lang weigerte zu essen, was die Frau schlecht aushielt. Sie wurde zeitweise richtig zornig. Plötzlich verschlechterte sich die Beziehung zu ihrer Tochter, weil sie den ganzen Tag über schon Angst vor den folgenden Mahlzeiten hatte. Beide versteiften sich dabei, und die Mutter wurde immer fordernder, da sie die Verweigerung ihrer Tochter nicht ertrug.

Eine andere Mutter will vor allem nicht streng sein, ist aber genauso kleinlich wie ihre eigene Mutter. Sie kann sich beispielsweise nicht vorstellen, ihren acht Monate alten Säugling auf einen Teppich zu legen, da es ja immer etwas schmutzig am Boden ist und er außerdem überall Unordnung verursachen würde!

Wieder eine andere junge Mutter, die im allgemeinen sehr unsicher ist, spricht mit ihrem Säugling kaum. Sie wird sich bewußt, daß sie in gewisser Weise das Gefühl hat, Ihr Kind könne zu schnell verstehen lernen, wenn sie viel mit ihm spricht, und fähig werden, sich eine eigene Meinung und ein eigenes Urteil zu bilden und dann aufbegehren: Sie hat Angst vor dem dadurch entstehenden Selbstbewußtsein. Ihr wird klar, daß sie lauter „vernünftige" Gründe erfand, um ihn die meiste Zeit in der Wippe zu lassen, während sie gleichzeitig sein Zimmer mit allen möglichen „intelligenten" Spielsachen ausstattete, um ihn zu stimulieren.

● *Ein aufmerksames Ohr finden*

Es ist die Aufgabe von guten Psychologen, Eltern, die sich in Schwierigkeiten befinden, mit Sympathie und Einfühlungsvermögen zu begleiten: Mütter oder Väter können dadurch feststellen, daß ihre Gefühle gar nicht so bedrohlich sind. Die Tatsache, daß man sie noch einmal empfinden konnte und sie einer neutralen und wohlwollenden Person gegenüber äußern durfte, bewirkt schon, daß man wieder viel entspannter ist und – was erstaunlich, aber sehr real ist – daß man bessere Beziehungen mit den Menschen haben kann, gegen die man seine heftigen Empfindungen gehegt hat. Man fühlt sich in gewisser Weise befreit davon und braucht nicht mehr dagegen anzukämpfen.

Wir sollten auch nicht eine solche Scheu haben, zu einem Psychologen zu gehen oder an Selbsterfahrungsgruppen teilzunehmen (vorausgesetzt, daß wir von deren Seriosität überzeugt sind). Wir gehen ja auch zum HNO- oder zum Augenarzt. Keiner von uns kann all diesen bereits beschriebenen Mechanismen entkommen, die ein funktioneller Teil unseres menschlichen Wesens sind. Wenn die Schwierigkeiten eines Kindes uns ermöglichen, in uns ein wenig Ordnung zu schaffen, ist das eine große Chance und gewonnene Energie für die Zukunft, auch wenn es im Augenblick mehr oder weniger unangenehm ist.

Sie können ja auch Vertrauen zu sich selbst haben. In Ihrem Inneren finden Sie ihren persönlichen Reichtum, vielleicht etwas verborgen, aber nichtsdestoweniger vorhanden. Finden Sie ihn, lassen Sie ihn wieder auftauchen. Vielleicht hilft Ihnen Ihr Kind dabei, entweder anläßlich eines konkreten Schrittes oder im Laufe seiner gesamten Entwicklung. Durch unsere Kinder können wir auf besondere Art reifen, wenn wir von dem, das sie in uns wachrufen, profitieren.

Seien Sie sich aber bewußt, daß es nicht genügt, sich der Sache intellektuell zu nähern. Es ist beruhigend, die damit verbundenen Gefühle zeigen zu können. Daher ist es notwendig, daß Sie über solche wichtigen Ereignisse mit einer Person Ihres Vertrauens sprechen können, bei der Sie auch die Möglichkeit haben, Ihren Gefühlen freien Lauf zu lassen, Tränen, Ängste, Zorn so zu äußern, wie wenn Sie einen Furunkel öffnen.

Schwierigkeiten können, wenn sie mit Hilfe von jemand anderem überwunden worden sind, sehr konstruktiv sein.

Ein Leben ohne Schwierigkeiten hat manchmal für ein Kind nicht diesen wirklich konstruktiven Charakter. Erwachsene, die in ihrem Leben nie Schwierigkeiten zu bewältigen hatten, sind manchmal weniger gefestigt als jene, die viel komplexeren Situationen ausgesetzt waren, auch wenn diese schmerzhaft waren.

Im Gegensatz dazu kann es für ein Kind gefährliche Folgen für die Zukunft haben, wenn es sich mit seinen Schwierigkeiten abkapselt. Es wird Gewohnheiten annehmen, von denen es sich später nur schwer wird lösen können. Daher kann es sein Leben wieder umso freudiger und erfüllter weiterleben, je früher Probleme gelöst werden.

Seien Sie sich sicher, daß ein Kind, das seine Schwierigkeiten ausdrücken kann, meist ein sensibles und reiches Wesen ist.

Können Sie sich vorstellen, daß es seine Entwicklung noch aktiv vorantreibt, wenn es Kummer hat? Es setzt ein Signal: Die Tatsache, daß Sie es wahrnehmen, daß Sie mit ihm gemeinsam zu verstehen versuchen, was geschehen ist, ist ein weiterer Beweis für Ihre Liebe und das Vertrauen, das Sie in Ihr Kind setzen, da es mit Ihnen spricht und Sie ihm zuhören.

Ein Ausblick

Und wenn die alten Sprüche verstummen, entspringen neue Melodien aus dem Herz; und da, wo die alten Spuren verlorengegangen sind, entsteht eine neue wunderbare Landschaft.

Rabindranath Tagore

Indem wir eine sehr konkrete Haltung eingenommen haben, um dem Säugling eine freie Bewegungsentwicklung zu ermöglichen und so weit wie möglich seine Gefühle und ursprüngliche Einzigartigkeit zu respektieren, haben wir auch eine bestimmte Vorstellung vom menschlichen Wesen und dem Leben allgemein entwickelt.

Wir sind zu der Überzeugung gelangt, daß jedes Menschenwesen in sich ein reiches Potential trägt, das es ihm ermöglicht, ein zufriedenes und erfülltes Leben zu führen (auch wenn dieses Potential vorübergehend oder teilweise im Verborgenen liegt), und daß die Verfügbarkeit dieses Reichtums, die Möglichkeit, ihn zu benützen, Energie mit sich bringt, Freude und Offenheit gegenüber allem, was sich anbietet, genauso wie Selbstvertrauen und Sicherheit. Lebensfreude kann Blockaden auflösen und Energien freisetzen. Liebe wird möglich im Sinne von respektvollem Wahrnehmen der Individualität unserer Mitmenschen.

Es ist daher das Ziel von Erziehung, dem Kind zu helfen, sich zu entwickeln, und zwar in seinem Versuch, seine Fähigkeiten zu entfalten und nicht dabei, auch noch so ehrenhaften Normen oder unseren elterlichen Wünschen zu entsprechen.

Wäre unsere Gesellschaft nicht viel menschlicher und weniger tyrannisch, wenn schon die kleinen Kinder auf diese Art und Weise in mehr Sicherheit und größerer innerer Unabhängigkeit leben könnten? Diese Bedingungen sind die Voraussetzung dafür, später Toleranz und einen kritischen Geist, der gleichzeitig konstruktiv ist, zu entwickeln.

Eine Erziehungshaltung, die dieser Auffassung entspringt, wird zu einer Lebensweise, die nicht nur in der Beziehung zum Kleinkind wesentlich ist, sondern grundsätzlich Wahrnehmen und Respektieren der Werte des anderen bedeutet, wodurch sich die Fähigkeit entwickeln kann, sich zurückzunehmen und die anderen ihr Leben leben zu lassen.

Ein Kind zu beobachten, das sich selbständig entwickelt und ein unglaubliches Entwicklungspotential in sich trägt, und parallel dazu seine Eltern, die im Begriff sind, an dieser Beziehung zu reifen, weist auf diese andere Tatsache hin: Jedes menschliche Wesen verfügt über eine nie ruhende Fähigkeit, voranzuschreiten und zu forschen: Wenn man mit Kindern lebt, wird einem dies wie eine immer wieder neu hervorsprudelnde Quelle spürbar.

Einer jungen französischen Praktikantin, die in Indien arbeitete, war folgendes Erlebnis nicht aus dem Sinn gegangen: Jeden Morgen verneigte sich die Lehrerin respektvoll vor jedem Kind, das die Klasse betrat. „Was bedeutet diese Geste?" wollte sie wissen. Nach einem kurzen Schweigen kam die Antwort: „Das bedeutet: ‚Ich verneige mich vor (dem) Gott, der in dir ist.' *"

Welcher Gott? Manche glauben, ihn zu kennen, andere nicht. Aber ich weiß, daß in jedem Kind etwas überaus Persönliches, Individuelles vorhanden ist, das uns bezaubert, etwas, das uns bei der Hand nimmt und uns führt, so wie wir unser Kind an der Hand nehmen.

Versuchen wir, uns dessen bewußt zu sein und diesen Kindern und allen Menschen, die sie in ihrer Entwicklung begleiten, mit mehr Respekt zu begegnen.

---

* Zitiert von R. Lagier anläßlich des Kongresses 1991 in Budapest, Ungarn.

Weiterführende Literatur

Monika Aly, **Manipulative Frühtherapie als Störung bei gesunden und kranken Kindern**, Krankengymnastik 37. Jg. 1/1985, S. 5–10, Pflaum Verlag, München

Monika Aly, **Die therapeutische Begleitung des kleinen MMC-Kindes**, Krankengymnastik 44. Jg. 3/1992, Pflaum Verlag München

Myriam David, Geneviève Appell, **Lóczy – Mütterliche Betreuung ohne Mutter**, Cramer-Klett & Zeitler Verlag, München 1995

Eva Kálló, Györgyi Balog, (Hg. Ute Strub, Anke Zinser), **Von den Anfängen des freien Spiels**, Schriftenreihe der Pikler Gesellschaft, Berlin 1996

Eva Kálló, **Wie wir den Kindern von ihrer ganz persönlichen Geschichte erzählen**, Cramer-Klett & Zeitler Verlag, München 1994

Alice Miller, **Das Drama des begabten Kindes**, Suhrkamp Verlag, Frankfurt/M. 1994

Alice Miller, **Am Anfang war Erziehung**, Suhrkamp Verlag, Frankfurt/M. 1980

Emmi Pikler, **Friedliche Babys – Zufriedene Mütter**, Verlag Herder, Freiburg 12. Aufl. 1996

Emmi Pikler, **Laßt mir Zeit**, Pflaum Verlag, München 1988, 2. Auflage 1997

Emmi Pikler u. a., **Miteinander vertraut werden**, Herder Verlag, Freiburg 1996

Marian Reismann, Anna Tardos, **Beziehungen**, Schriftenreihe der Pikler Gesellschaft, Berlin 1991

Maria Vincze, **Schritte zum selbständigen Essen**, Schriftenreihe der Pikler Gesellschaft, Berlin 1992

Rebeca Wild, **Erziehung zum Sein**, Arbor Verlag, Freiamt 1986

Rebeca Wild, **Sein zum Erziehen**, Arbor Verlag, Freiamt 1990

Rebeca Wild, **Kinder im Pesta**, Arbor Verlag, Freiamt 1993

Filme aus dem Emmi-Pikler-Institut

Active Live

It's a pleasure to move

It's a pleasure to bath

Me, too

Taking a walk

More than just play

Alone – independently

Verleih: IWF, Nonnenstieg 72, 37975 Göttingen (Tel.: 0551–50240)

Videos aus dem Emmi-Pikler-Institut

Anna Tardos und Geneviève Appell: **A baby's attention at play**, 1990

Anna Tardos und Geneviève Appell: **Paying attention to each other – infant and adult during the bath**, 1992

Anna Tardos und Agnès Szanto: **Sich frei bewegen**, 1996

Vertrieb: Pikler-Lóczy Gesellschaft, Lóczy Lajosu.3, 1022 Budapest, Ungarn (Fax: 0036–1-2124438)

Adressen

Association Pikler-Lóczy de France, Pour une reflexion sur l'enfance,
20 rue de Dantzig, 75015 Paris, tel.: 0033–1-53689350,
fax: 0033–1-53689356

Pikler-Lóczy Gesellschaft,
Lóczy Lajosu.3, 1022 Budapest,
Fax: 0036–1-2124438

Pikler Gesellschaft Berlin e. V., Verein für Bewegungsentwicklung
und Integration,
Grunewaldstraße 82, 10823 Berlin,
Tel.: 030–7844445, Fax: 030–7849329

Pikler-Hengstenberg Gesellschaft Wien, Verein zur Unterstützung
von selbstbestimmtem Lernen und einem respektvollen Umgang
mit Kindern, Erwachsenen und sich selbst,
Novaragasse 38A/13, 1020 Wien,
Tel/Fax: 0043–1-2125295

Dank

Ich möchte mich hier besonders bei Anna Tardos und Judith Falk bedanken, denen diese Untersuchungen in Ungarn zu verdanken sind, bei Myriam David und Geneviève Appell, die sie in Frankreich haben bekannt werden lassen und sie durch ihre Arbeit bereichern. Dank ihrer genauen Beobachtungen und aufgrund ihres Respektes Kindern gegenüber haben sie es uns ermöglicht, diese außergewöhnlichen Erfahrungen kennenzulernen.

Mein Dank geht auch an Agnès Szanto-Feder, die dieses Buchprojekt von Anfang an unterstützt hat und mir in vielen Punkten beratend zur Seite gestanden ist.

Ich bedanke mich auch bei Daniela Pichler-Bogner, die dieses Buch übersetzt hat, für den Respekt, den sie dem Geist und der Botschaft diese Buches entgegengebracht hat. Ein Dankeschön an Ute Strub für ihre genauen Beobachtungen und Ratschläge.

Danke auch allen Eltern, Kindergärtnerinnen und sonstigen Menschen, die sich um die kleinen Kinder kümmern und mit denen ich im Laufe meines Berufslebens so vieles gelernt und erfahren habe.

Ein Dankeschön auch allen diesen noch ganz kleinen Kindern, die ich erlebt und deren Freude wie Trauer ich oft geteilt habe, für all das, was sie mich haben entdecken lassen und für das Vertrauen in das Leben, das sie mir weitergegeben haben.